K² 1531.

PROMENADE

DANS UNE

PARTIE DE LA SAVOIE

ET

SUR LES BORDS DU LÉMAN.

LYON. — IMPRIMERIE DUMOULIN ET RONET,
Rue Saint-Côme, 6.

PROMENADE

DANS UNE

PARTIE DE LA SAVOIE

ET

SUR LES BORDS DU LÉMAN,

PENDANT L'ÉTÉ DE L'ANNÉE 1839.

PAR

OVIDE DE VALGORGE,

Auteur des SOUVENIRS DE L'ARDÈCHE.

PARIS.
PAULIN, LIBRAIRE-ÉDITEUR,
Rue de Richelieu, 60.

1847.

A MADAME DE VALGORGE,

NÉE DE LAULANHIER.

Laissez-moi, ma bonne mère, placer sous votre bienveillant patronage ce nouveau livre écrit rapidement, sans prétention et un peu au hasard. Heureux, bien heureux l'écrivain qui peut ainsi choisir parmi les noms les plus chers à son cœur, celui d'une mère dont les nobles exemples et la tendresse toujours indulgente et généreuse font l'orgueil et le bonheur de sa vie. Qui mieux que moi sait combien sont inépuisables les trésors d'affection que renferme le cœur aimant et dévoué d'une mère ?

OVIDE DE VALGORGE.

Valgorge, janvier 1847.

LE CHEMIN LE MOINS COURT POUR ALLER

DE CHAMBÉRY A CHAMOUNY.

LE CHEMIN LE MOINS COURT POUR ALLER DE CHAMBÉRY A CHAMOUNY.

Savez-vous bien qu'il y a vraiment du courage à venir raconter à ce bon public, pacha blasé et trop saturé de jouissances de toute nature pour pouvoir être facilement distrait et amusé, ce que les quatre-vingt-dix-neuf touristes, qui vous ont précédé, lui ont déjà dit chacun au moins une fois, car le pays que je vais vous faire parcourir avec moi est l'un des pays de la terre les plus visités par les touristes?... La France et l'Angleterre surtout envoient chaque année, sur cette terre privilégiée, une légion de voyageurs épris des beautés de sa fraîche et majestueuse nature. Presque tous les grands poètes modernes l'ont chantée : Gœthe, Byron, Lamartine, Victor Hugo. Que de volumes de vers elle a fait éclore dans toutes les régions de la poésie, sans compter les récits en prose des spirituels chroniqueurs !... Si n'était certaine promesse faite en partant, promesse sérieuse à laquelle pour rien au monde je ne voudrais manquer, je laisserais la plume, et je me bornerais à vous engager à relire les quatre jolis volumes qu'Alexandre Dumas, cet auteur de tant d'esprit, de gaîté et de verve, a publiés sous le titre original et piquant de *Impressions de voyage.* Vous y gagneriez beaucoup sans doute; mais comment faire? j'ai donné ma

LES CHARMETTES.

parole, et ce serait bien mal à moi d'oublier ainsi mes engagements.

Ainsi donc en route.

Si vous le voulez bien, nous passerons à Grenoble sans nous y arrêter; que vous dirais-je d'ailleurs de cette ville que vous ne sachiez déjà depuis longtemps. Un érudit ne manquerait pas de vous raconter qu'elle doit son nom *(Gratianopolis)*, à l'empereur Gratien, fils de Valentinien II ; il est présumable même qu'avec lui, vous n'en seriez pas quitte à si bon marché ; il vous faudrait tout voir, tout examiner dans les plus minutieux détails : la cathédrale, l'église Saint-André, la bibliothèque publique, les bâtiments réservés à l'ancien parlement du Dauphiné et où siégent aujourd'hui la Cour Royale, le tribunal de première instance et le tribunal de commerce. Moi qui me pique de peu d'érudition, bien que certains de mes amis prétendent que j'en sème un peu trop quelquefois dans mes écrits, je vous dirai seulement que

Grenoble est une ville qui, chaque jour, depuis quelques années, s'agrandit et devient plus belle.

Et maintenant que la frontière est là à quelques pas devant nous, jetons un long et dernier regard sur cette magnifique vallée du Graisivaudan dont les merveilleux enchantements commencent au-dessous du village de Tullins et se continuent sans interruption jusqu'en vue de Chambéry, et saluons de loin en passant les tours à demi ruinées du château où naquit Bayard, le chevalier sans peur et sans reproche. Adieu la terre de France ; nous sommes entré dans les états de sa Majesté le Roi de Sardaigne, de Chypre et de Jérusalem.

A Chambéry, où nous venons d'arriver, tout nous rappelle le souvenir de l'auteur d'*Emile*. C'est à une demi lieue plus loin, aux Charmettes, que s'écoulèrent douces et paisibles les premières années de cet obscur Genevois qui devait plus tard remplir le monde entier du bruit de son nom. Je ne connais rien de plus gracieux et de plus frais que l'étroit petit sentier qui y conduit. J'ai tout vu, tout parcouru, tout observé; la maisonnette aux contrevents verts au-dessus de la porte d'entrée de laquelle un français, Hérault de Séchelles, que sa naissance et son éducation auraient dû préserver des excès révolutionnaires qui ont déshonoré sa vie d'homme politique, avait fait graver ces vers composés par lui :

> Réduit par Jean-Jacques habité,
> Tu me rappelles son génie,
> Sa solitude, sa fierté,
> Et ses malheurs, et sa folie.
>
> A la gloire, à la vérité
> Il osa consacrer sa vie
> Et fut toujours persécuté
> Ou par lui-même, ou par l'envie.

La salle à manger, le salon de compagnie où l'on retrouve encore le portrait fort ressemblant de Rousseau et celui de son aimable amie, et la chaise longue qui était selon lui un siége si commode et si doux ; puis l'oratoire et la chambre à coucher de madame de Warens, le jardin et la petite terrasse où il cultivait des fleurs, puis le vallon, puis le coteau le long des pentes duquel Rousseau aimait tant à s'égarer et du sommet duquel on découvre ce bel horizon qui enveloppe dans son cadre la ville de Chambéry tout entière et les riantes campagnes qui l'entourent, et va se perdre au loin dans les eaux azurées du lac du Bourget ; mais, tout cela, je me garderai certes bien de vous le décrire. Il en est de certaines impressions que le cœur éprouve, comme de ces fleurs à qui le grand jour enlève leur parfum et leurs brillantes couleurs.

C'est sous les verts ombrages qui avoisinent cette délicieuse retraite, que furent écrits les premiers livres des *Confessions*. C'est là, sous les yeux de celle qui fut tout à la fois sa bienfaitrice et son amie, que Rousseau, alors à peine adolescent, préludait dans ces pages si pleines de grâce naïve, mais où l'indiscrétion malheureusement revêt les formes les plus outrageantes et les plus condamnables, à cette grande renommée littéraire que le temps a consacrée.

Ce n'est certes pas moi qui, dans cette circonstance, prendrai en main la défense de Rousseau. Je suis trop honnête homme, je sais trop me respecter, je connais trop les égards que l'on doit aux femmes en général, et à celles surtout qui, faibles et dévouées, nous ont aimés assez pour nous sacrifier aveuglément leur réputation, pour lui pardonner de s'être ainsi volontairement et de gaîté de cœur, rendu coupable de la plus monstrueuse des ingratitudes envers la femme bonne et charmante qui lui avait tendu une main si secourable dans l'infortune, et qui fut toujours pour lui la plus généreuse des bienfaitrices, et la meilleure et la plus tendre des amies.

C'est en vain que quelques écrivains admirateurs trop passionnés de Rousseau dont j'apprécie l'éminent talent littéraire, mais dont je repousse de toutes les forces de mon âme, au double point de vue de la morale et de la religion, les doctrines et les principes, ont soutenu qu'en écrivant son livre des *Confessions*, ce dernier n'avait point voulu compromettre les personnes qui y ont été nominativement désignées, et encore moins déshonorer la femme bonne et charmante qui avait tout sacrifié à son amour pour lui. Ce livre, disent-ils, ne devait être publié, telle était du moins l'intention présumée de son auteur, qu'après la mort de ceux qui y étaient mis en scène; les explications données par Rousseau lui-même sont nettes et précises, et ne permettent pas, ajoutent-ils, le doute le plus léger à cet égard. L'ouvrage parut, il est vrai; c'est un fait matériel qu'ils ne peuvent pas contester, du vivant des personnes intéressées, mais le manuscrit reproduit par l'impression ne portait que des initiales. Les premières éditions, celle de Neuf-Châtel et celle dite de Baskerville, le prouvent surabondamment. La malignité publique s'empara de ces initiales; elle les commenta, elle les expliqua et, dans son indiscrète méchanceté, elle déchira impitoyablement et sans pudeur le voile protecteur qui les recouvraient. Puis vinrent les éditions nouvelles qui, dédaignant les scrupules de leurs devancières, imprimèrent en toutes lettres des noms honorables et chers, que l'auteur n'avait certainement pas réservé au retentissement d'une aussi scandaleuse publicité.

Est-ce bien sérieusement qu'on ose soutenir une pareille opinion? Est-ce bien réellement qu'on espère la faire adopter par les hommes sincères et droits? Pourquoi si Rousseau n'a pas voulu déshonorer Mme de Warens et tant d'autres personnes dont le nom n'est malheureusement plus depuis lors un mystère pour nous, a-t-il employé en parlant d'elles des initiales tellement transparentes que le nom en toutes lettres n'en eût pas dit davantage? Pourquoi n'a-t-il pas au moins supposé des noms de fantaisie? Pourquoi n'a-t-il pas changé le nom des lieux et cherché à dérouter l'indiscrétion du lecteur en transportant l'endroit de la scène dans une contrée autre que celle où il avait séjourné et où son souvenir s'était si religieusement conservé, ou plutôt pourquoi ne s'est-il pas arrêté au moment où sa plume allait attacher au pilori la réputation jusque-là intacte de tant de femmes qui n'avaient eu d'autre tort que celui de l'aimer et de le supposer honnête homme? Notre littérature compterait, il est vrai, un livre de moins, mais nous n'aurions pas à rougir pour notre sexe de voir un homme de talent oublier à ce point ce qu'il se doit à lui-même et ce qu'il doit aux autres. Déshonorer publiquement ainsi la femme qui s'est abandonnée entièrement à nous, et qui, pour nous, a oublié tous ses devoirs, est le fait, à mes yeux, d'un homme sans honneur, sans délicatesse et sans cœur. Faut-il rappeler à Rousseau, et à ceux qui seraient tentés d'imiter son coupable exemple, qu'un homme s'honore en restant jusqu'au tombeau le fidèle dépositaire du secret de la femme qui l'a aimé?

Chambéry, l'antique cité des Allobroges, la capitale du duché de Sabaudie, le chef-lieu de l'ancien département français du Mont-Blanc, est une petite ville située de la façon la plus pittoresque et la plus heureuse, au fond d'une fraîche vallée entourée de montagnes, dont les accidents variés et capricieux se parent aux yeux enchantés du voyageur, de toutes les splendides beautés d'une fraîche et riante nature. Cette petite ville est bien bâtie ; elle est surtout, c'est même ce qui relativement la rend remarquable entre toutes, riche en établissements publics de bienfaisance, qu'elle doit à la généreuse et intelligente sollicitude de l'un de ses enfants, le général comte de Boigne. Ses promenades sont nombreuses et plantées d'arbres magnifiques ; celle du Vernay notamment, rendez-vous habituel de la société aristocratique de Chambéry, est d'une fraîcheur toute élyséenne. On peut dire sans exagération que, dans ce lieu charmant, soufflent à toute heure du jour et de la nuit, pendant les plus ardentes chaleurs de l'été, les douces et tièdes haleines du printemps.

Les rues, je parle de celles des nouveaux quartiers sont d'une régularité parfaite. Les principales sont celle qui conduit au château, résidence habituelle du Gouverneur-général de la province, appelée rue du Collége parce que le collége dirigé par les Jésuites s'y trouve placé; puis, la rue de Boigne, la plus belle sans contredit, qui aboutit au monument élevé à la mémoire du général de ce nom, sur la place de Lans. Il est fâcheux que cette rue qui a la prétention de ressembler à la rue Castiglione de Paris, n'ait pas été construite tout entière d'après le même modèle et sur le même plan. Pourquoi bâtir à son extrémité inférieure d'élégantes maisons à portiques, et laisser privée de cet utile et splendide ornement, la partie de la rue qui se trouve la plus rapprochée du monument? il y a évidemment là quelque chose d'incomplet et d'inachevé qui ne satisfait pas l'œil.

On doit sincèrement applaudir à la pensée vraiment nationale qui a présidé à l'érection du monument de la place de Lans. La ville de Chambéry devait ce témoignage de reconnaissance et d'estime au bon citoyen qui l'a si magnifiquement dotée. Trouve-t-on dans l'histoire beaucoup d'hommes publics qui, comme le général comte de Boigne, aient fait un si noble et si généreux emploi d'une grande fortune?... La ville de Chambéry où il était né en 1751 et où il est mort le 21 juin 1830, doit à sa généreuse munificence presques tous les établissements de charité qui en font une ville à part et tout-à-fait privilégiée. Les diverses sommes qu'il a léguées à sa ville natale accusent, réunies, le chiffre énorme de *trois millions six cent soixante et dix huit mille francs*, ainsi répartis, 1,200,000 fr. pour un hospice de vieillards ; 500,000 fr. pour un hospice d'aliénés ; 300,000 fr. pour un dépôt de mendicité ; 300,000 fr. pour le collége ; 200,000 fr. pour établir de nouveaux lits dans l'hospice ; 100,000 fr. pour faire apprendre des métiers à des jeunes filles. Le restant de la somme a été, on le sait, employé à refaire en entier la façade de l'Hôtel-de-Ville, et en embellissements divers.

Le général comte de Boigne ne fut pas seulement un citoyen généreux et bienfaisant. Homme de guerre distingué, son nom a mérité de trouver place parmi ceux dont s'honorent les fastes militaires. Ami et commandant-général des armées du prince indien Madhadji - Sindiah, chef des Mahrattes, il défit complètement en 1790, à la tête de six mille hommes seulement, quarante-cinq mille soldats ennemis. Cette belle victoire qui eut pour théâtre Mainta, fut bientôt suivie d'une seconde plus complète encore, et dont les conséquences furent immenses. La victoire de Patan remportée peu de temps après, le 20 juin de la même année, mit le sceau à la gloire militaire du général de Boigne : les savantes manœuvres qu'il avait préparées, et le courage personnel qu'il déploya, assurèrent le succès de cette journée mémorable qui valut au prince Madhadji-Sindiah cent pièces d'artillerie, deux cents drapeaux, cinquante éléphants, un nombre infini de chameaux, tous les bagages de l'armée vaincue, quinze mille prisonniers, et qui eut pour résultat encore avec la prise d'assaut de la place forte de Patan, la soumission volontaire du radjah de cette place et celle du radjah de Djeypour qui se déclarèrent vassaux de Madhadji-Sindiah.

Si, maintenant, laissant de côté la pensée patriotique qui a inspiré l'érection de ce monument, j'arrive à une critique toute d'art et de détails, je trouve que le bassin destiné à recevoir les eaux manque de profondeur et de développement; les éléphants qui servent de supports à la fontaine sont lourds et disgracieux; la partie supérieure de leur corps, qui est seule apparente, accuse des formes tellement massives, qu'il est impossible de croire que la partie inférieure qui est cachée aux regards, puisse jamais trouver place dans la base si mesquine et si grêle du monument. C'est là un manque absolu aux règles les plus élémentaires des proportions que je n'hésite pas un seul moment à signaler à l'artiste qui a attaché son nom à cet ouvrage, remarquable d'ailleurs par la délicatesse et le fini de certains de ses détails. M. Sappey me pardonnera aisément cette critique d'une œuvre qui n'est certes pas sans mérite. Lorsque, comme lui, on est arrivé si promptement à marquer sa place dans le monde éminent de l'art par des travaux aussi distingués que la statue en bronze du brave général Championnet qui décore aujourd'hui l'esplanade de la ville de Valence, on doit peu se préoccuper des observations critiques d'un écrivain dont la compétence en matière d'art surtout est au moins douteuse.

La cathédrale, qui date cependant de moins loin que l'église de Mont-Lemenc, la plus ancienne église de toute la Savoie, serait sans contredit, bien que l'architecture en soit nue et un peu lourde, comme le sont en général du reste les églises bâties pour des couvents de cordeliers serait, dis-je, le plus bel édifice religieux de Chambéry, si la chapelle royale bâtie sur la colline où est situé le château, résidence officielle du gouverneur général de la province, ne se recommandait pas d'une manière toute spéciale à l'attention de l'archéologue par son abside aux lignes savantes et pures, et par ses admirables vitraux de couleur si bien conservés, qu'on les croirait placés là d'hier seulement.

La façade seule offre un défaut caractéristique et saillant; elle n'est pas en harmonie avec le restant de l'édifice qui appartient évidemment au gothique ouvragé du xve siècle. L'incendie qui détruisit en entier l'ancien château dont il ne reste plus qu'un gracieux débris de clocheton, atteignit aussi la chapelle. Heureusement les secours arrivèrent à temps et la façade seule fut anéantie. Il fallut la rétablir, et l'architecte, au lieu de s'attacher, ainsi qu'aurait dû le faire un homme de goût et amoureux de son art, à reproduire le dessin exact de l'ancienne façade, remplaça cette dernière par cette construction lourde et sans caractère qui contraste d'une façon si peu heureuse avec le restant de l'édifice.

Il y a à Chambéry une bibliothèque publique où l'on vous montrera, si vous demandez à le voir, un magnifique missel orné d'enluminures précieuses, autrefois la propriété de l'ancien duc de Savoie

Amédée VIII, devenu pape en 1440 sous le nom de Félix V, et une bible sur parchemin qui, quoique belle, est loin de valoir celle que le chapitre de la cathédrale de Notre-Dame du Puy donna à Mgr. de Bonald, lorsque ce dernier, alors évêque de cette ville, fut transféré de ce siége sur le siége métropolitain et primatial de Lyon.

Quant au musée je n'ose pas vous engager à aller le visiter; il n'est pas de musée de petite ville, si pauvre et si dénué d'intérêt que vous le supposiez, qui ne soit encore plus riche que lui en objets d'art.

J'allais oublier, et c'eût été bien mal à moi, de vous parler du théâtre. Il est élégant à l'extérieur, vaste et parfaitement disposé à l'intérieur. La salle, qui peut contenir environ quinze cents spectateurs, est décorée avec luxe et bon goût. Une seule chose m'étonne, c'est qu'elle ne soit pas encore éclairée au gaz, tandis que les principaux quartiers de la ville jouissent depuis longtemps de ce mode d'éclairage si économique et si brillant. La troupe dramatique de Grenoble vient, chaque année, pendant trois mois de la chaude saison, y donner des représentations qui sont d'ordinaire assez suivies. Elle y joue le vaudeville, et je crois même, si j'ai bonne mémoire, qu'elle essaie d'y chanter l'opéra. Je n'ai entendu qu'une seule fois les artistes qui la composent, et bien que je n'aie l'avantage de connaître aucun d'eux, je me hasarderai à leur donner le conseil de rayer de leur répertoire des opéras tels que *La Muette de Portici* et *Robert le Diable* surtout. Ce chef-d'œuvre a besoin, pour être dignement interprété, d'une réunion de talents qu'il est bien difficile de rencontrer dans les troupes dramatiques de nos petites villes de province. Qu'ils se bornent à jouer le vaudeville et à chanter les opéras de Dalayrac et de Grétry; il y aura profit assuré pour eux et, à coup sûr, plaisir pour ceux qui sont destinés à les entendre. Le bon Lafontaine l'a dit avec un grand sens dans une de ses fables :

> Ne forçons pas notre talent,
> Nous ne ferions rien avec grâce!

Vous voyez que cette petite ville de Chambéry, qui compte au nombre de ses enfants l'abbé de Saint-Réal, l'ami de Saint-Evremont et l'hôte assidu de la belle Mancini, duchesse de Mazarin, l'écrivain savant et ingénieux, dont le style élégant et pur a tant contribué à la formation de la langue française, n'est pas dépourvue de charmes et d'agréments. Les gens qui aiment une vie calme et douce y trouvent un séjour merveilleusement approprié à leurs habitudes et à leurs goûts.

Il y a peu de commerce, par conséquent peu de mouvement et peu de bruit. On y fabrique cependant en très-grande quantité des gazes de soie qui sont justement estimées. Rien n'est frais, joli et *vaporeux*, c'est le mot, comme ces souples et gracieux tissus. Si vous avez une jeune femme, une fille, une sœur ou bien une amie, gardez-vous de passer à Chambéry sans vous y approvisionner de cette légère et charmante étoffe. C'est peu coûteux et cela pare si bien!...

Les fortunes particulières ne sont pas considérables dans cette ville, mais l'aisance y est générale et ne contribue pas peu à lui donner cette physionomie tranquille et heureuse qui vous charme et vous étonne quand vous arrivez dans ses murs pour la première fois. Conservera-t-elle longtemps encore cette physionomie? Il est permis d'en douter. Le chemin de fer qui vient tout récemment de l'unir au lac du Bourget, ouvre devant elle un riche avenir de prospérité commerciale, et va faire éclore dans sa paisible enceinte bien du mouvement et bien du bruit, si, comme tout semble le promettre et même l'assurer, ce chemin si heureusement commencé se termine et se complète. Voilà un vaste et grand projet dont la réalisation suffira seule pour honorer le règne du souverain qui l'a conçu. Si l'on veut bien se souvenir que Chambéry est une ville de transit, on concevra sans peine les avantages immenses qui doivent résulter pour elle dans l'avenir d'un pareil moyen de communication. Grâce à lui, tous les transports d'Italie en France s'opèreront par ce point. Le commerce y trouvera son compte, car il y aura pour lui tout à la fois économie et célérité à emprunter pour ses transports cette direction ; et Chambéry, qui n'est encore aujourd'hui qu'une jolie petite ville bien insignifiante et bien nulle au point de vue commercial, verra son importance croître et se développer avec rapidité chaque jour.

La société de Chambéry est nombreuse et bien composée ; elle se réunit dans quelques maisons de la ville, et notamment chez le gouverneur-général de la province, qui reçoit chez lui, au moins une fois par semaine, la noblesse de tout le pays. On ne se fait vraiment pas d'idée de la grâce et de la simplicité qui règnent dans ces réunions. Il faut, comme moi, l'avoir vu pour y croire. Les hommes y sont bien élevés et aimables sans prétention ; les jeunes gens y conservent l'esprit et l'entrain de leur âge, et y dansent même après vingt-cinq ans ; les femmes qui sont jolies, comme le sont en général du reste presque toutes les femmes à Chambéry, s'y occupent peu de leur prochain, et chose qu'on ne saurait trop louer et trop admirer dans une petite ville de province surtout, n'y médisent jamais les unes des autres.

Rousseau rend, de ce monde que j'ai fréquenté avec un plaisir extrême pendant la trop courte durée de mon séjour à Chambéry, monde charmant dont la physionomie n'a pas changé, un témoignage dont je suis heureux de pouvoir reproduire ici la louangeuse et sincère expression : « S'il est une
« petite ville au monde, dit-il, où l'on goûte la
« douceur de la vie dans un commerce agréable et
« sûr, c'est Chambéry. La noblesse de la province
« qui s'y rassemble n'a que ce qu'il faut pour bien
« vivre; elle n'en a pas assez pour parvenir, et ne
« pouvant se livrer à l'ambition, elle suit par né-
« cessité le conseil de Cynéas : elle dévoue sa jeu-
« nesse à l'état militaire, puis revient vieillir paisi-
« blement chez soi. L'honneur et la raison prési-
« dent à ce partage. Les femmes sont belles et
« pourraient se passer de l'être; elles ont tout ce
« qui peut faire valoir la beauté et même y sup-

« pléer. C'est dommage; » ajoute-t-il, en parlant des Savoyards en général, « que les Savoyards ne « soient pas riches, ou peut-être serait-ce dommage « qu'ils le fussent, car, tels qu'ils sont, c'est le « meilleur et le plus sociable peuple que je con-« naisse. »

Je ne quitterai pas Chambéry sans remercier madame la comtesse de la Fléchère de l'accueil aimable et réellement hospitalier qu'elle a bien voulu m'y faire. Il est impossible d'être plus spirituelle, plus gracieuse et meilleure qu'elle. Aussi ne suis-je point étonné de l'estime, de l'affection et de la considération qui l'entourent dans une ville où elle ne compte que des amis.

1.

Une route fort belle et très-bien entretenue conduit de Chambéry à Aix-les-Bains. Le trajet se fait ordinairement dans une heure, dans des voitures découvertes à quatre places. Ce moyen de transport qui est peu coûteux, a de plus l'avantage d'être doux et commode, et de laisser au regard toute liberté pour saisir l'ensemble et les détails du frais et riant paysage, au milieu duquel se déroule la route de Chambéry à Aix-les-Bains.

Aix-les-Bains n'a rien qui doive et qui puisse même le distinguer des autres petites villes de la

Savoie. Déjà connue du temps des Romains, ainsi que le prouvent les traces nombreuses qu'ils y ont laissées de leur séjour, cette ville doit sa prospérité et sa célébrité aux eaux thermales qui coulent dans son enceinte. Ici vient tout naturellement se placer une réflexion que bien des gens ont sans doute faite avant moi. Lorsqu'on entre en Savoie par la Maurienne, on est tout d'abord frappé de l'air de souffrance et de pauvreté qui règne partout, et l'on se surprend à maudire la nature d'avoir si cruellement traité un pays dont les habitants sont si bons et si doux; mais en l'examinant d'un peu plus près, on revient bien vite à des idées plus consolantes et plus vraies. Si la Providence, que madame de Staël a pu peut-être quelquefois spirituellement appeler : *Le nom de baptême du hasard*, ne lui a pas accordé un ciel chaud et brillant comme celui que le nord envie au midi, si elle n'a pas couvert ses campagnes d'oliviers, de mûriers et de vignes aux pampres verdoyants, elle ne l'a pas pour cela complètement déshérité. Voyez-vous au pied de ces montagnes, aux sommets couverts de glaces éternelles, dans ces gorges profondes où l'orage vient chaque année promener la désolation et la mort, ces merveilleuses fontaines qui jaillissent comme par enchantement des flancs entr'ouverts du rocher!... Ici, c'est Aix; là, c'est Saint-Gervais; plus loin, c'est Evian, sources inépuisables de bonheur et de fortune pour le pays tout entier.

La situation d'Aix est charmante. Bâtie sur une colline à quelques pas de la montagne des Bauges, cette ville voit s'étendre à ses pieds une fertile vallée semée de délicieuses maisons de campagne entourées de riants jardins et de grands arbres au feuillage épais et sombre, et sillonnée dans tous les sens par une foule de petits sentiers ombragés qui tous viennent aboutir au lac du Bourget, après avoir promené leurs mille sinuosités sur les hauteurs de Tréserve, et à travers les ravissants coteaux de Saint-Innocent. Je désirerais que cette campagne si fraîche et si gracieuse dans son ensemble, fût un peu plus variée dans ses détails. J'ai en horreur la monotonie, et je n'aime pas à être forcé de dire constamment : c'est bien, très-bien, mais tout cela se ressemble à faire peur.

Que faire à Aix quand le temps est beau, et un jour de dimanche surtout!.. Le bateau à vapeur va parcourir aujourd'hui les bords du lac, et si vous n'êtes pas trop fatigué de la course que nous venons de faire ensemble, je vous proposerai de prendre place avec moi sur le pont du bateau. D'ailleurs, nous avons devant nous près de trois semaines de séjour à Aix, et nous aurons alors tout le temps et tout le loisir de nous reposer.

Nous abandonnons l'avenue de peupliers qui s'ouvre longue et large devant nous, et dans laquelle la foule se précipite en courant depuis une heure pour suivre le sentier qui, presque à notre sortie d'Aix, s'offre à notre gauche. Peut-être arriverons-nous un peu plus tard que les autres; car enfin c'est le chemin de l'école que nous prenons; mais que nous importe?.. Nous aurons vu *la maison du diable*. N'allez pas tout d'abord vous effrayer et croire que je veuille vous mener dans l'autre monde ; me préserve le ciel de donner audience à une aussi lugubre pensée !... Je n'ai pas plus envie que vous d'y aller de si tôt.

Vous vous attendez sans doute à quelque horrible et satanique légende ; l'imagination, cette *folle du logis*, comme l'appelle si plaisamment le bonhomme Montaigne, vous montre déjà un splendide château aux proportions grandioses et véritablement monumentales, élevé dans l'espace d'une seule nuit par le pouvoir surnaturel du prince des ténèbres. J'en suis fâché pour vous, mais il vous faudra forcément renoncer au rêve merveilleux dans lequel vous commenciez tout doucement peut-être à vous complaire. Voici en deux mots l'histoire bien prosaïque et bien simple que m'a racontée une vieille femme du voisinage. Cette maison qu'on aperçoit d'assez loin, car elle est bâtie sur le penchant adouci d'un coteau, est de construction presque récente. Il y a un siècle, elle n'existait pas. Un homme qui réunissait en lui le triple savoir-faire du maçon, du serrurier et du menuisier, et une femme adroite et laborieuse, l'ont construite *seuls* sans avoir recours à l'aide de personne. La chose parut si extraordinaire ou plutôt si miraculeuse, que lorsque cette maison fut achevée et définitivement propre à être habitée, il devint avéré pour tout le monde dans la contrée, que le diable était venu en personne les aider dans leur œuvre. Et voilà comment cette demeure dont l'origine, ainsi que vous le voyez, n'a rien de fantastique, s'appelle aujourd'hui *la maison du diable*.

Le bateau commence à s'ébranler, et si nous ne hâtons pas un peu notre course, il partira sans nous. Enfin, nous voilà à bord, et il s'en faisait bien temps. Le signal est donné; la vapeur, d'abord contenue, s'échappe du tuyau en sifflant; les roues s'agitent et soulèvent autour d'elles les eaux frémissantes et blanches d'écume; nous sommes en marche.

Déjà les fraîches prairies de Cornin ont fui derrière nous. Voici Tréserve. N'apercevez-vous pas, perdue au milieu du feuillage qui l'entoure, la belle habitation du colonel Vivian ?... Voyez, comme du lieu où nous sommes placé, l'horizon est plein de magnificence et d'étendue ?... Derrière nous, le lac qui a inspiré cette touchante et suave méditation, *le Lac*, point de départ de la fortune poétique de Lamartine, qui a traduit en si adorables accords, exprimé en teintes si attrayantes les lueurs mélancoliques du couchant, la beauté fragile, le cœur inassoupi, les énivrements de la solitude, toutes les aspirations et toutes les inquiétudes de l'âme; l'admirable poète enfin qui a répandu un prestige romanesque si séduisant et si gracieux sur le fond vrai, senti et humain de ses inspirations puisées toujours aux sources les plus nobles, les plus généreuses et les plus pures. Devant nous, sur le premier plan, le village du Bourget et le bassin de Chambéry dominé par *la dent de Nivolet*, ce grand pic échancré qui s'élance dessinant la forme d'un cap au milieu des nuages; et là bas, dans l'éloignement, les Alpes, dont les blancs sommets se détachent saisissants de relief et de lumière. Mais le bateau court rapide le long des rives du lac, et nous sommes obligé, pour ne pas nous laisser devancer par lui, de précipiter un peu notre récit.

Le mont Du Chat commence, et c'est à l'ombre de ses hautes cimes que nous allons naviguer. C'est à peine si nous avons le temps de voir en fuyant le château de Bordeaux et son vert entourage, ainsi que la petite cascade qui coule au-dessous de lui ; voilà déjà devant nous l'antique abbaye fondée par Amédée III, ce noble et fier souverain de la Savoie, qui accompagna dans le voyage de la Terre-Sainte le roi de France Louis VII, son neveu, et mourut riche d'années et de gloire en 1149. Ce n'est pas trop d'une heure que le capitaine du bateau nous accorde pour la visiter. Examinons donc rapidement, mais avec intelligence et attention, l'ensemble et les détails de cet édifice consacré par le double prestige du temps et des souvenirs.

Ce que j'aime dans l'abbaye de Haute-Combe, c'est son heureuse position sur ce rocher surplombant les eaux profondes du lac du Bourget, et le coup-d'œil vraiment magique qu'on découvre du haut de la tour de Gaussens. N'est-ce pas, assis sur la plate-forme qui couronne le sommet de cette tour, que Rousseau, subitement inspiré par la vue de ce splendide panorama dont les premiers rayons du soleil levant empourpraient les lointains élevés, écrivit ces admirables pages sur *le lever du soleil*, où tant d'éloquence et tant de sentiment débordent?...

Les dispositions intérieures de l'abbaye ont quelque chose de mondain que l'on ne saurait approuver. Tout cela ne sent pas assez le cloître. Franchement, les religieux Bernardins qui en ont fait leur demeure monastique y sont établis d'une manière trop luxueuse et trop confortable. Que de gens du monde s'estimeraient heureux de passer leur vie dans cette charmante retraite où tout plaît à l'œil et sourit à l'imagination, et où le cœur s'ouvre à la douce espérance d'obtenir un jour les joies ineffables et éternelles réservées aux élus.

L'église entièrement restaurée dans le goût du style gothique fleuri (style ogival tertiaire ou flamboyant, de 1400 à 1530), est une belle œuvre architecturale, mais à laquelle cependant on peut, non sans raison, reprocher quelques défauts. Elle manque, le portail notamment, d'élévation et de légèreté, et les ornements sont prodigués dans son intérieur avec une abondance qui frise presque le mauvais goût. N'en déplaise à l'architecte, M. Mélano, ingénieur en chef de la province de Savoie, qui a dirigé cette restauration qu'on peut appeler une construction nouvelle; n'en déplaise aux sculpteurs, les frères Cacciatori, qui ont été les habiles interprètes de sa pensée, ce n'est pas *l'esprit* mais seulement *la lettre* de l'art gothique qu'ils ont reproduit. La couleur bleue, mêlée au blanc mat qui recouvre les parois latérales et l'espace compris entre les ogives et la voûte, est d'un effet désagréable à l'œil. J'aime bien mieux la couleur bistre et or qui donne à nos vieilles basiliques cet aspect mystérieux et voilé qui vous saisit et vous émeut.

Peut-être quand ces couleurs éclatantes, dont il faut blâmer le prodigue et inintelligent usage, auront fait place à des tons plus sombres, l'ensemble de l'édifice offrira-t-il quelque chose de plus sévère et de plus grave, et par cela même de plus en harmonie avec sa double destination d'église et de nécropole royale? Ce n'est pas un sentiment profond et religieux qu'on éprouve aujourd'hui en le visitant, mais un simple sentiment de curiosité. Rien ne vous dit de vous agenouiller et de prier, tout vous excite au contraire à regarder et à étudier ces chapiteaux aux dessins bizarres, ces colonnettes au fût svelte et élégamment profilé, ces clochetons, ces pinacles, ces dais multipliés à l'infini sous toutes les formes et dans toutes les variétés; et ces tombeaux somptueux aux délicates ciselures sur lesquels s'offrent agenouillées, couchées ou debout, ces belles statues aux lignes pures et aux contours suaves reproduisant l'image fidèle des anciens ducs de la Savoie.

Ce qu'il faut louer tout haut et sans réserve aucune, c'est la pensée vraiment royale qui a présidé à la restauration de cette église, *le Saint-Denis* des souverains qui ont autrefois régné sur ce pays. En 1793, leurs tombeaux furent violés et détruits, les cercueils et les cendres augustes qu'ils contenaient jetés dans le lac du Bourget; et c'est pour effacer les traces de cette horrible profanation, que le défunt roi de Sardaigne, Charles-Félix, a ordonné ces grands travaux d'art qui nous étonnent dans un siècle où l'on semble mépriser tout ce qui n'a pas un but d'utilité matérielle et pratique.

Ce sentiment d'admiration que nous éprouvons pour un souverain qui a ainsi noblement rempli ses devoirs de roi ne doit pas nous faire oublier le nom malheureusement presque inconnu de l'honorable citoyen dont le respect pieux et le dévouement généreux ont permis au défunt roi, Charles-Félix, de réparer, au moins en partie, l'outrage sacrilége fait aux restes mortels de ses augustes ancêtres. L'abbaye de Haute-Combe fut non-seulement dévastée et pillée en 1793, mais elle fut encore, plus tard, vendue nationalement et acquise par M. Landoz, négociant de Lyon, dont la famille était, comme lui, originaire d'Aix-les-Bains. M. Landoz, ainsi que sa conduite l'a prouvé depuis, n'avait point acheté l'abbaye de Haute-Combe afin d'en rester propriétaire définitif. Il avait voulu seulement soustraire à des mains profanes cette vénérable relique des siècles passés. Dans sa pensée, l'abbaye de Haute-Combe était plutôt une espèce de fidéi-commis qu'il devait transmettre religieusement à ses premiers propriétaires qu'une véritable propriété. A peine l'acte de vente eût-il été signé, que M. Landoz s'empressa de faire repêcher les cercueils des anciens ducs de Savoie dans les eaux du lac du Bourget. Il les réunit dans une salle basse de l'abbaye dont il fit, pour plus de sûreté, murer avec soin l'entrée. Puis vinrent les événements politiques qui replacèrent la Savoie sous le sceptre des rois de Sardaigne. M. Landoz, peu d'années après, en 1821, fit offrir au roi de Sardaigne, Charles-Félix, le rachat pur et simple de l'abbaye de Haute-Combe. Ce prince agréa avec empressement l'offre de M. Landoz, qui, généreux et désintéressé comme on ne l'est plus de nos jours, ne voulut jamais accepter d'autre dédommagement que le prix modeste qu'il avait payé pour l'acquisition de cette belle propriété royale.

Nous sommes en vue du canal de Savières qui unit le lac du Bourget au Rhône supérieur. Suivant la tradition qui s'est conservée dans ces contrées, c'est à une pensée de poésie et d'amour éclose dans le cœur d'une femme aimée, qu'on doit sa construction. Suivant l'opinion des hommes d'observation et d'étude, au contraire, c'est à la nature seule qu'il faut en faire honneur. Je suis assez disposé à me ranger du côté de ceux qui ont ouvert et soutenu ce dernier avis. Il est raisonnable, rationnel même, d'admettre que si le génie de l'homme eût conçu et exécuté un pareil travail, la direction choisie eût été infailliblement tout autre.

Un peu de patience encore, s'il vous plaît, et nous arrivons au terme de notre course. Regardez bien vite les coteaux de Saint-Innocent et la séduisante villa de M. Blanchard, *l'Américain,* car voilà le port du Puer, où nous allons débarquer après une traversée qui n'a pas duré moins de cinq heures, moments de relâche compris. Le lac du Bourget n'a sans doute pas l'étendue de celui de Genève, mais il n'en mesure pas moins cependant une étendue d'une lieue de largeur sur trois lieues de longueur.

Vous conviendrez, sans peine, que nous ne pouvons pas toujours courir à travers champs, surtout quand nous avons à côté de nous un établissement thermal que nous ne connaissons pas encore et qui mérite d'être visité en détail. Grâce à la complaisante obligeance de l'un des médecins les plus distingués de cet établissement, M. Despines fils, j'ai pu le parcourir en entier.

Deux sources également abondantes, mais dont la température varie de $55°$ à $56° \frac{1}{2}$, thermomètre Réaumur, suivant les analyses faites par le savant de Saussure, fournissent aux besoins des nomreux baigneurs qui s'y présentent chaque jour. La plus estimée est celle qu'on nomme *eau de soufre*; c'est même à peu près la seule qu'on emploie en douches. L'autre, dite *eau d'alun*, n'est administrée que dans des cas assez rares.

Les bâtiments réservés aux baigneurs sont vastes et disposés avec une intelligence rare. Mais ce dont on ne saurait trop parler, c'est des soins prodigués à chaque malade. Aux uns, c'est le bain mitigé avec tous ces confortables accessoires qu'on ne trouve pas dans les établissements si vantés des Pyrénées et de Bade; aux autres, c'est la douche appliquée de toutes les manières et sur toutes les parties du corps, au moyen d'ingénieux appareils mobiles. Puis ce sont des *doucheurs,* je demande grâce pour ce mot auquel le Dictionnaire de l'Académie n'a pas encore accordé droit de cité et de bourgeoisie, des doucheurs, dis-je, qui, par des frictions lentes et habilement graduées, rappellent la chaleur et la vie dans des corps engourdis par les atteintes cruelles du rhumatisme ou par les accès d'une goutte opiniâtre ; puis des porteurs qui s'emparent de vous, et qui, après vous avoir emmailloté comme un enfant, dans des couvertures bien chaudes, vous portent dans une chaise jusqu'au pied de votre lit, où vous ne tardez pas à entrer, avec l'aide du *sécheur* (grâce encore pour ce mot nouveau) qui ne vous abandonne que lorsque la transpiration est complètement achevée. Le sécheur a disparu, et vous vous croyez seul, lorsque vous apercevez, debout, à côté de votre lit, la servante de l'hôtel où vous êtes descendu, jeune et gentille savoyarde à la mine espiègle et au regard vif et intelligent, qui attend votre réveil pour vous offrir un bouillon. Puis c'est une petite main bien potelée et bien blanche qui étend la couverture sur votre lit, un corps aux contours voluptueux et arrondis, qui se penche pour ramener sous votre tête un oreiller que vous en avez malicieusement et à dessein peut-être momentanément éloigné. En vérité, c'est à mourir d'envie d'être malade.

Mon Dieu ! la singulière vie que celle que l'on mène aux eaux. Vous ne connaissez encore personne, et quoique arrivé d'hier seulement, vous êtes accueilli par tout ce monde, comme le serait un ami de vingt ans. J'ai souvent cherché à expliquer la cause de cette intimité qui naît ainsi subitement entre gens qui ne se sont jamais vus et qui souvent sont destinés à ne jamais plus se revoir. Chez les uns, c'est l'attrait de la nouveauté; il y a en effet quelque chose d'original et de piquant à devenir ainsi, en quelques heures, l'ami d'un homme qu'on s'attend et qu'on espère même quelquefois peut-être ne plus rencontrer nulle part. Certains autres obéissent à un caprice passager de grand seigneur, et consentent à laisser de côté, pour un moment, la distance qui les sépare de l'homme souvent obscur auquel ils vont tendre la main, assurés qu'ils sont, d'avance, que cela ne peut tirer à conséquence, et que demain, après leur départ, tout sera, de part et d'autre, complètement oublié. Chez le plus grand nombre, au contraire, c'est ce besoin si naturel de se parler et de se réunir entre eux, qu'éprouvent les hommes lorsqu'ils sont sous un ciel étranger, loin de leurs parents et de leurs amis.

On se tromperait étrangement et l'on se préparerait de bien cruels mécomptes, si l'on croyait trouver à Aix ces plaisirs si délicats et si ingénieusement variés que l'on rencontre à Bade, à Tœplitz, à Carlsbad et même aux Pyrénées, et qu'on ne rencontre plus hélas! à Vichy, depuis que l'exil lui a ravi l'auguste et généreux patronage de Mme la duchesse d'Angoulême. La société y est nombreuse, mais quelle différence dans sa composition!.. Là, c'est tout ce que l'aristocratie européenne a de plus élégant, de plus riche et de plus distingué, tout ce que le monde de la politique, de la littérature et des arts, compte d'illustrations anciennes ou nouvelles. A Aix, au contraire, à quelques exceptions près cependant, c'est la province avec son parler bruyant, ses coteries où l'on médit toujours et où l'on calomnie souvent, avec son luxe et son *étalage* de mauvais goût, ses ridicules si variés et si nombreux, ses exigences incroyables, et ses sottes et puériles vanités de rang et de fortune. Je ne voudrais pas me faire de méchantes affaires avec les dames qui s'y trouvaient cette année, d'autant mieux qu'il y en avait dans le nombre de charmantes dont je suis tout heureux d'avoir fait la connaissance; mais ce serait vouloir se refuser à l'évidence que de ne pas reconnaître qu'il y a une distance énorme entre la femme élevée dans les nobles salons de Paris, française deux fois plutôt qu'une, car elle est Parisienne, et la femme de province qui a constamment vécu loin de ce monde d'élite où chaque objet qui s'offre à vous revêt des formes si gracieuses et si élégantes. On trouve, sans doute, dans nos villes de province, des femmes aussi belles, plus belles même qu'à Paris, on y en rencontre d'aussi spirituelles, mais il y a trop souvent en elles quelque chose de gauche, de prétentieux, de raide et de malveillant surtout qui vous éloigne. Voyez au contraire la grande dame de Paris?.... quelle élégante harmonie dans l'ensemble de sa personne! comme sa mise est simple et de bon goût!...ce n'est pas elle qui, pareille à Lisette, du *Jeu de l'amour et du hasard,* a l'air d'être sottement heureuse et fière de ses vêtements; comme tout est séduisant et distingué dans ses manières! Que de grâce et que de bienveillance dans son sourire!... Que d'esprit fin et délicat elle dépense, la folle et la prodigue qu'elle est!.....

Je vous ai dit qu'on s'amusait peu à Aix, et je dois ajouter pour être exact, qu'en revanche on y danse beaucoup. Gardez-vous bien de croire au moins qu'ici se cache une arrière pensée de blâme. Quoique je n'aie plus les goûts bien jeunes, j'aime cependant encore les énivrantes séduction du bal et le bruit et le mouvement d'une fête. Je crois seulement qu'il vaudrait mieux prodiguer un peu moins un plaisir qui dégénère en fatigue et quelquefois en ennui, lorsqu'il est trop souvent répété. Le père

La Chaise, qui se connaissait en bons morceaux, disait un jour au roi Louis XIV, son auguste pénitent : « La perdrix est un excellent manger, sire, mais « toujours des perdrix..... toujours des perdrix..... » Vous connaissez la réponse que lui fit le grand roi, trouvez bon que je ne la répète pas ; les gens à conscience timorée y verraient peut-être une provocation trop directe à ce doux péché d'inconstance que tant de personnes commettent sans oser l'avouer.

Et voilà comment, presque sans m'en douter, je suis naturellement amené à vous parler du casino et du château des anciens marquis d'Aix. Walter-Scott, ce conteur si intéressant et si instructif tout à la fois, ne manquerait certainement pas de vous tout décrire. Avec lui vous parcourriez l'édifice entier, depuis la base jusqu'aux combles, et Dieu sait encore combien d'explications il vous faudrait subir ! Malheureusement ne possédant pas son merveilleux talent, et de plus, bien moins amoureux de détails que lui, je me contenterai de vous faire promener dans les beaux et vastes appartements réservés aux membres sociétaires du casino. Il est donc convenu que je ne vous dirai pas un seul mot de l'antiquité vraie ou supposée de cette noble demeure. Il y avait autrefois, à côté, et même dans l'enceinte des cours du château, ainsi que l'on peut le voir dans le salon reculé qui sert de cabinet de lecture aux membres *trop nombreux* de la société du casino, un temple de Diane et des Thermes; mais que nous importe?..... puisque nous ne voulons pas vous en parler. Abandonnons ce soin aux érudits et aux antiquaires; nous aurions mauvaise grâce en vérité de venir ainsi chasser sur leurs terres lorsqu'ils nous laissent si tranquilles sur les nôtres.

On danse ce soir, et c'est à la lumière des bougies et au milieu du bruit et des émotions du bal que nous ferons la visite projetée. Nous franchissons rapidement l'escalier qui conduit aux appartements du premier étage, et après avoir montré au concierge, qui se tient debout sur le seuil de la porte d'entrée, notre carte de membre sociétaire du casino, nous entrons dans le salon de jeu où les joueurs, rares encore, attendent en causant entre eux, que les fatigues du bal leur envoient les habitués du Whist, de la Bouillotte et de l'Ecarté. Les sons harmonieux de l'orchestre des frères Strauss arrivent jusqu'à nous, et du salon *bleu* où nous nous sommes arrêtés un moment, nous apercevons dans le fond, la grande salle de bal parée déjà de sa triple guirlande de jeunes et jolies femmes. Nous n'aurions plus que quelques pas à faire pour y entrer; mais comme vous n'avez peut-être pas plus envie que moi de danser ce soir, nous monterons dans la tribune réservée. De ce point élevé, nous jouirons mieux du coup d'œil ravissant que présente la salle, grande et jolie salle, disposée avec un goût rare, et éclairée avec une magnificence toute royale, et puis nous ne serons aperçus par personne, et je pourrai tout à l'aise remplir auprès de vous mon rôle officieux d'observateur indiscret.

Voici venir, avec les huit heures qui sonnent, accompagnée d'une de ces femmes à l'âge équivoque, êtres malheureux et délaissés, placés, comme le disent si originalement les Anglais, *sur le mauvais côté de la vie* (the wrong side of the life), la belle miss S.. Comme elle semble heureuse et fière des hommages qui lui arrivent de toutes parts !.... A l'un, c'est un sourire; à l'autre, une parole aimable qu'elle lui adresse en passant. Mais pourquoi s'obstine-t-elle ainsi à nous montrer chaque soir *la totalité* de ses blanches épaules?.... Ah? de grâce, M. le duc de V..., répétez-lui donc, vous dont elle paraît apprécier la personne et goûter la conversation, ce que feu votre oncle, le prince de Tayllerand, de spirituelle et malicieuse mémoire, disait un jour à une dame qu'il rencontrait souvent dans les salons du directeur Barras : « Madame, vous êtes jolie à ravir;
« il est malheureux seulement que vos robes com-
« mencent toujours *si tard* et finissent *si tôt* ». Cela me remet en mémoire un couplet charmant fait à l'occasion de madame de Beauharnais, madame Tal-

lien, madame Récamier et mademoiselle Mars, qui, comme miss S...., avaient paru un soir, dans une fête officielle donnée par un membre du directoire, vêtues un peu comme l'étaient les trois déesses au jugement du beau berger Pâris, ou si vous l'aimez mieux, presque dans le simple appareil des statues de Praxitèle, le créateur voluptueux de la Vénus de marbre, le sensuel sculpteur dont l'habile ciseau ne daigna jamais modeler les plis de la plus légère étoffe ou les veines protectrices de la classique feuille de vigne. Ce couplet qui eut à cette époque un véritable succès de vogue, vous me permettrez, n'est-ce pas? de le reproduire ici en entier. Il renferme une double leçon de décence et de coquetterie dont quelques dames, maintenant que les femmes les plus éloignées de leur printemps ou les plus dépourvues de beauté, aussi bien que les plus jeunes et les plus jolies, vont chaque jour se *décolletant* davantage, feront peut-être bien de profiter.

> D'un tissu trop clair, trop léger,
> Ces belles grecques sont vêtues ;

Un souffle peut le déranger,
Et nous les montrer toutes nues.
Aux yeux souvent un voile adroit
Promet une beauté divine;
Rarement la beauté qu'on voit,
Egale celle qu'on devine.

Presque en même temps que miss S...... apparaît une dame dont je me garderai bien de vous dire le nom quoique je le connaisse parfaitement. Cantatrice distinguée, *prima donna,* il y a quelques années à peine, au théâtre de la Pergola, de Florence, cette dame sur laquelle tous les yeux viennent de se fixer, appartient aujourd'hui, par suite du mariage brillant qu'elle a fait, au monde le plus aristocratique. La *marquise* de C..., car elle en a pris tout à la fois, en se mariant, le titre et les nobles et élégantes façons, doit avoir ses heures d'ennui; qui sait même si le songe ne la ramène pas quelquefois aux lieux où elle souriait avec tant de joie à ce monde de *dilettanti,* si heureux de la voir, de l'entendre et de l'applaudir ?

Il y a dans les annales dramatiques de cette folle et rieuse Venise du Titien, du Tintoret et de Paul Veronèse, une histoire bien touchante : la Zerbi régnait en souveraine maîtresse au théâtre de la Fenice; c'était la danseuse à la mode; on vantait partout sa grâce et sa légèreté; ses adorateurs étaient nombreux; les jeunes patriciens du sénat, les membres redoutables du conseil des Dix, le doge lui-même, s'inclinaient, dit-on, devant elle. Un soir le théâtre de la Fenice resplendissait à la lueur des mille feux d'une *illuminazione a giorno;* la foule se montrait haletante et pleine d'émotion : la Zerbi devait danser dans un ballet composé exprès pour elle. La toile se lève au milieu du silence le plus profond, et l'*impresario* vient, pâle et consterné, annoncer au public que sa danseuse chérie a quitté Venise pour suivre son époux, le podestat de Vicence. La douleur fut générale et profonde ; pendant deux mois le théâtre fut fermé : on eût dit que le plaisir venait de quitter pour toujours les lagunes. Un an après, la Zerbi reparaissait sur la scène ducale. Ce fut une fête immense et désordonnée; avec quel enthousiasme elle fut accueillie à son entrée sur la scène!... c'était de la joie, du bonheur, des trépignements, du délire. Elle s'était bien vite lassée, la pauvre femme, de son rôle de grande dame; l'ennui venait l'assaillir au milieu de ce monde qui l'entourait; elle se montrait triste et préoccupée en face de cette existence riche et ornée que donne la puissance; elle songeait à ces temps heureux où, blonde et insouciante jeune fille, elle courait le soir, en gondole, sur les eaux du Lido; le souvenir lui apportait comme un écho lointain des murmures de la foule; elle songeait à ces fraîches et éblouissantes fleurs tressées en couronnes et gisantes à ses pieds; elle regrettait enfin cette vie de la Fenice, si pleine de charme, de variété et de bonheur; vie d'artiste, toute de contrastes, d'illusions et d'amères déceptions; vie de liberté et d'assujettissement, de plaisir et d'amour, d'opulence et de misère; vie de fleurs, mêlées d'épines quelquefois.

Ceux-là ont peu d'imagination, qui s'étonnent de

cette puissante et rapide séduction que répand autour d'elle une actrice à la mode; de ces passions violentes qu'elle inspire aux hommes les plus spirituels et souvent les plus sérieux et les plus graves. Ils ne songent donc pas au prestige de ces apparitions d'une jeune fille aux lumières, parée, dans toute sa beauté, vraie ou d'emprunt; avec la magie du talent, avec sa voix pleine de charme et d'éclat; avec ses sourires, ses larmes, son émotion, ses grâces toutes d'art, et exprès faites pour séduire; ils ne songent donc pas à cette bruyante admiration d'un public enthousiaste et ardent, à ces couronnes qui tombent sur la scène, à ces mille voix de la publicité qui vantent et exaltent jusqu'aux nues le talent de l'actrice adorée. Et puis, une actrice n'est-elle pas toujours une femme nouvelle?.... chaque soir, sous vos yeux, ne change-t-elle pas de forme, de caractère, de visage?.... Aujourd'hui, brune Andalouse à la basquine flottante; demain, blonde jeune fille aux yeux baissés et au maintien plein de candeur. Hier, vous l'avez vue sous les traits de l'ardente Desdemone; demain elle vous apparaîtra sous ceux de Juliette, la douce amante de Roméo. C'est à cette féerie que la passion d'un homme se forme; ce sont ces énivrantes métamorphoses qui lui font si souvent par malheur oublier et ses rêves d'enfant et les premières amours du pays natal.

Salut à messieurs de la fashion. Car, il faut que vous le sachiez, nous avions aussi nos *lions;* et quels lions, grand Dieu!... Figurez-vous tout ce qu'il est humainement possible de trouver de plus ridicule et de plus niais. Il faut en convenir, c'est une race bien dégénérée que celle des lions d'aujourd'hui. Hélas! c'est ici le cas de répéter le mélancolique refrain de Villon, ce poète licencieux du xvme siècle, le créateur de notre poésie badine, le véritable inventeur du genre et du style *marotiques:*

Mais où sont les neiges d'Autan?....

Sous le règne des fils de Catherine de Médicis, les rois Charles IX et Henri III, on les connaissait sous le nom de *muguets;* sous la fronde, ils portaient les couleurs de la spirituelle duchesse de Longueville, et on les appelait *raffinés;* avec Lauzun, le type de ces beaux et élégants seigneurs qui faisaient l'ornement et la joie des fêtes du grand roi, ils devinrent *hommes à bonne fortune;* toujours aimables, mais un peu débraillés, ils furent sous la régence de Philippe d'Orléans, salués du nom de *roués.* Le séduisant Fronsac duc de Richelieu régnait alors à la ville et à la cour, et puis c'était le bon temps des présidentes folichonnes et de ces charmants petits abbés de cour, musqués, bichonnés, à l'allure fringante, au sourire gracieux, à la parole fine et railleuse, vrais mousquetaires en surplis de dentelle, toujours prêts à absoudre les peccadilles de leurs chères pénitentes et à les réconcilier avec Dieu. Après les années si orageuses de la révolution, sous le directoire, ils furent tour à tour *incroyables* et *muscadins;* alors ils *caacolaient gacieusement* sous les yeux des citoyennes vêtues à la grecque et grelottant sous une légère et transparente chlamyde. Sous l'empire, ils répondirent au nom de *merveilleux*; pendant la durée de la restauration ils échangèrent ce nom contre celui de *fashionables* et de *dandys* qu'ils ont, depuis la révolution de juillet, dépouillé pour prendre celui de *lions*. A côté du lion vient tout naturellement se placer *la lionne*. La lionne, telle que nous l'avions à Aix cette année, est un être tout à fait à part, qui, entre autres excentricités, se permet, dit-on, de boire, de jurer, de fumer et de danser comme n'oseraient certainement pas danser au bal Mabille et au Ranelagh, les piquantes et peu scrupuleuses Lorettes de la rue de Bréda.

Voyez-vous à l'extrémité de la salle tout près de cette jeune et jolie Vaudoise, dont le souvenir m'est resté doux au cœur comme un rêve de bonheur, ces deux hommes qui causent entre eux; c'est, d'un côté, M. de Salvandy, l'auteur d'*Alonzo* et de l'*Histoire de Pologne*, et de l'autre le célèbre chanteur Elleviou (1), l'ami et le rival de Martin, aujourd'hui

(1) M. Elleviou est mort depuis cette époque.

maire de sa commune et membre du conseil général du département du Rhône...... Ce rapprochement vous paraît bizarre, et cependant il est naturel. Par le temps qui court, il y a plus de rapports qu'on ne pense entre la profession d'homme de théâtre et celle d'homme politique ; chacun joue son rôle, qui mieux, qui plus mal, et tous les deux ils sont à genoux devant ce qu'on appelle la faveur populaire, déesse inconstante et volage dont il est bien difficile de conserver longtemps les bonnes grâces et le sourire.

M. de Salvandy est sans contredit, au double point de vue politique et littéraire, un des hommes les plus éminents et les plus justement considérés de notre époque. Tour à tour ministre, ambassadeur, vice-président de la chambre des députés, il a su dans ces positions élevées mériter le respect et l'estime que les partis, même les plus extrêmes, ne sauraient jamais refuser au talent lorsque, comme chez M. de Salvandy surtout, il se montre uni à une haute probité politique et à un noble et généreux caractère. Publiciste, on l'a vu constamment au premier rang défendre de sa plume, dans nos revues et dans nos journaux, avec un courage, une verve et un bonheur d'à propos rares, les doctrines monarchiques et la sainte cause de l'ordre, de la liberté, de la tolérance et de la raison. Ecrivain spirituel et élégant, sa place était depuis longtemps marquée au sein de l'Académie française, et cette docte assemblée s'est honorée le jour où elle a appelé M. de Salvandy à venir prendre rang au milieu d'elle.

M. Elleviou a depuis longtemps quitté le théâtre pour vivre de la vie de grand seigneur dans une charmante habitation que sa femme possède aux environs de Lyon; c'est un beau et aimable vieillard, qui joue, dit-on, ce nouveau rôle avec une grâce et un naturel admirables.

A propos d'Elleviou et des souvenirs dramatiques que son nom rappelle, on nous avait fait espérer l'arrivée de mademoiselle Mars à Aix-les-Bains, heureuse espérance qui malheureusement ne s'est pas réalisée. Qui de nous ne se fût empressé de saluer avec joie la venue de cette femme adorable qui est restée et restera toujours l'honneur et la gloire de notre première scène française. Ne vous souvient-il plus des yeux charmants de cette admirable actrice, de ce sourire à la fois si doux et si fin, de cet organe au timbre velouté et enchanteur qu'elle a conservé en dépit des années, frais et pur comme aux beaux jours de sa vie ?.... Quelle ravissante harmonie entre son regard, ses gestes et les inflexions de sa voix ! quelle valeur elle sait donner à un mot ! quelle divine pudeur, quelle grâce naïve et décente, quel naturel charmant elle déployait dans ces rôles d'ingénues, rôles dans lesquels elle est demeurée inimitable et qui ont servi de début à sa longue et glorieuse carrière théâtrale ?... Citer Henriette des *Femmes savantes*, Lucile des *Dehors trompeurs*, Agnès de l'*Ecole des femmes*, Victorine du *Philosophe sans le savoir*, Angélique de l'*Epreuve nouvelle*, et tant d'autres que je ne nommerai pas, n'est-ce pas rappeler ce qui a jamais paru de plus

complet et de plus parfait sur aucun théâtre?......
Dans les rôles de grande coquette, mademoiselle
Mars n'a-t-elle pas égalé et souvent même surpassé
l'ampleur, l'éclat, l'élégance et surtout les grandes
et dignes façons de parler et d'être de mademoiselle
Contat?..... Vous l'avez tous vue dans Silvya du *Jeu
de l'amour et du hasard,* dans Araminte des *Fausses confidences.* Ne dirait-on pas qu'en aiguisant ces
mots si fins, en arrangeant et en découpant ces
phrases si coquettes et si galamment tournées,
en dévidant l'écheveau toujours si abondamment
fourni de cet esprit si délié, Marivaux avait deviné
d'avance ce geste, ce sourire, ces délicieux petits
airs de tête, ce regard, qui font tout comprendre,
prêtent de la simplicité à la finesse et du naturel à
la recherche.

Voilà devant nous la figure joyeusement épanouie
de cet excellent M. Panckouke, l'éditeur des classiques latins. Sa position dans la librairie parisienne
est fort belle, et c'est à son mérite et à son savoir-faire seuls qu'il la doit. Il y aura toujours de l'hon-

neur et du succès pour l'homme qui attachera son nom à une entreprise grande et généreuse. M. Panckouke avait compris de bonne heure que cet engouement que le public manifestait pour les productions fiévreuses de la littérature moderne, disparaîtrait rapidement pour faire place au goût plus naturel des belles et honnêtes choses. La réaction prévue par lui n'a pas tardé à se faire sentir, et il s'est trouvé tout préparé au moment où la conversion a eu lieu. Il a travaillé dans l'intérêt de sa fortune, sans doute; mais les lettres lui doivent de la reconnaissance, car, grâce à la modicité de ses prix et aux facilités sans nombre qu'il offre aux acheteurs, il a permis aux fortunes les plus modestes d'orner leurs bibliothèques des bons modèles que nous a légués la littérature ancienne.

Pendant que nos regards se promènent sur tous les points de la salle, un groupe composé de cinq personnes vient de se former presque au dessous de nous. J'aperçois d'abord un de mes anciens camarades de l'école de droit d'Aix, Ferdinand de Calvet-

Rogniat, cœur noble, généreux et dévoué, esprit élevé et sérieux, que je ne cesserai jamais d'aimer à l'égal du meilleur et du plus tendre des frères; puis ensuite Decamps et les deux frères Flandrin, trois de nos peintres les plus distingués, et à côté d'eux, le comte Jules de Castellanne, l'opulent propriétaire du château *des Aygalades*, si connu dans les salons de Marseille et de Paris, par son faste, son esprit et son originalité de si bon goût.

Tout le monde connaît les nombreux et ravissants tableaux de ce peintre capricieux et plein d'esprit, qu'on nomme Decamps. Sa verve est inépuisable, et sa palette possède de vives et chatoyantes couleurs. C'est l'Orient que ce peintre a senti et qu'il a constamment peint jusqu'à ce jour; cela lui a réussi, il est vrai; mais qu'il y prenne garde cependant, on se lasse de tout, même des bons tableaux, lorsqu'ils représentent toujours le même ciel, les mêmes horizons et les mêmes objets. Il faut éviter la monotonie, dans les arts surtout. N'est-ce pas Voltaire qui a dit avec un rare bonheur d'expression :

L'ennui naquit un jour de l'uniformité.

Je reprocherai à M. Hippolyte Flandrin, que j'aime comme homme et que j'estime infiniment comme peintre, sa tendresse exclusive pour le maître, et son obéissance trop aveugle aux tendances dont Ingres, l'illustre auteur de *Stratonice*, de *la Vierge à l'hostie*, du *Vœu de Louis XIII* et *du plafond d'Homère*, est le chef. Pourquoi ces poétiques ainsi adoptées à l'avance?... M. Hippolyte Flandrin a certes assez de talent pour ne pas devoir craindre de se livrer à son inspiration personnelle : si la peinture veut être l'expression ardente et passionnée de votre impression, il faut qu'elle soit spontanée et libre surtout de toute espèce de contrainte. « Un tableau est comme un enfant, disait le Dominiquin, il faut le créer dans les joies de l'amour. »

M. Paul Flandrin a, comme paysagiste, un talent

incontestable. Malheureusement, à l'exemple de son frère aîné, il est l'esclave trop servile des doctrines et des tendances d'une école qui ne saurait avoir les sympathies d'un homme de goût. Cette école a pris pour symbole matériel de sa foi : faire gris, ne pas modeler, et copier la nature telle qu'elle se présente sans ordre et sans choix. Faut-il le dire à cet artiste? il semble de préférence, dans certains de ses tableaux, adopter un genre plus incolore, plus terne, plus mou, que ne le veut l'école elle-même. Que M. Paul Flandrin consente à être lui-même et non point le reflet d'une école qui impose à ses adeptes, comme première condition de succès, l'absence complète de couleur; qu'il s'attache surtout à reproduire la nature, non point sous son aspect le plus repoussant, mais sous son aspect le plus frais et le plus gracieux, et il n'aura bientôt plus rien à envier à la célébrité de nos grands peintres paysagistes. Quel si grand charme d'ailleurs peut-il y avoir à reproduire avec cette persistance affligeante des paysages où la ligne générale est pauvre, où les accidents du terrain sont vulgaires, la végétation monotone, sans mouvement, sans couleur et sans vie?

M. le comte Jules de Castellanne est le premier entre les rares grands seigneurs de notre époque qui ait introduit dans le monde élégant les coulisses, la rampe aux éblouissantes clartés et le personnel aristocratique et parfumé d'une troupe de comédie. Cette innovation a paru piquante à la bonne compagnie de Paris qui s'est bien vite hâtée de la faire figurer au nombre de ses plus agréables distractions. L'idée première de ce charmant et spirituel passe-temps n'appartient point au noble comte; car sans parler de Versailles au temps du grand roi, on jouait la comédie dans les appartements du petit Trianon, quelques mois seulement avant cette révolution terrible qui devait entraîner dans son cours une monarchie de quatorze siècles, et faire disparaître presque en entier cette noblesse si courageuse, si dévouée et si fidèle, dont le sang généreux rougit les marches de l'échafaud. Savez-vous quels étaient

ceux qui paraissaient sur cette scène royale?......
C'était d'abord la plus belle, la plus aimable, la meilleure et la plus séduisante des reines, Marie-Antoinette, dont les longs malheurs et la fin si tragique ont fait une sainte, son amie l'infortunée princesse de Lamballe; et en face de ces deux femmes, celui, qui au sortir d'une orgie où il avait dignement figuré au milieu de Danton, de Marat, d'Hébert, de Chaumette et de Laclos, monta à la tribune de la Convention et fit entendre ces exécrables paroles que l'histoire a recueillies pour les vouer à l'ignominie : « Uniquement occupé de mon « devoir et convaincu que quiconque a usurpé ou « usurpera la souveraineté du peuple mérite la mort, « ...... je vote la mort de LOUIS. » Et ce Louis, dont ce vote infâme venait de livrer la tête innocente au bourreau, était son parent et son roi!!!!

Au moment où le bal touche à sa fin, je m'aperçois que je suis devenu, sans m'en douter, le voisin de madame Schm....., cette malheureuse et intéressante femme dont l'effrayante maladie a servi de texte à tant de sots et ridicules commentaires.

C'est une histoire bien simple et bien touchante que celle de madame Schm....... C'est l'histoire de bien des jeunes filles ; vous devinez déjà qu'il existe un peu d'amour au fond de tout cela ; écoutez plutôt :

Il y a deux années à peine, madame Schm..... n'était encore qu'une jeune personne bien insouciante et bien rieuse. Le malheur voulut que l'homme dont elle porte aujourd'hui le nom vînt s'établir à Genève, à côté de la demeure de son père. Il était jeune aussi, beau, aimable ; il se montra tendre, galant et empressé, et son amour qu'il savait chaleureusement exprimer, ne tarda pas à être partagé. Les parents de la jolie genevoise s'opposèrent vivement d'abord aux projets de mariage concerté entre les deux amants. Le jeune homme n'était point assez riche, et puis je ne sais quel triste pressentiment d'inquiète sollicitude leur faisait presque prévoir les malheurs de cette union ; mais la jeune fille parla si haut et si ferme que ses parents qui l'adoraient, n'osèrent plus persister dans leur énergique résistance à l'accomplissement de ses désirs. — Le mariage se fit; vous allez voir s'il fut heureux. Une fois maître de la dot de sa femme, le mari se jeta dans des spéculations ruineuses et perdit dans l'espace de moins d'une année, non seulement ce qu'il possédait lui-même, mais encore tout ce qu'il avait reçu des parents de sa femme. Le désespoir s'empara de lui, et il partit, espérant sans doute que la fortune lui serait plus favorable ailleurs. Il faut croire qu'elle ne lui a pas souri; car depuis lors il n'est pas revenu.

Sa femme ne put résister à l'abandon d'un mari qu'elle idolâtrait. Elle tomba subitement malade, et ce fut à la suite d'une épouvantable crise nerveuse, que les premiers symptômes de catalepsie se déclarèrent. Depuis, la maladie a fait des progrès redoutables, et aujourd'hui son état est à peu près désespéré.

C'est une horrible et bizarre maladie que la catalepsie ! quelle cause la détermine? nul ne le sait. On pense cependant avec raison, qu'elle est le produit d'un ébranlement dans le système nerveux. Toujours est-il vrai de dire que la science a renoncé à expliquer les étrangetés vraiment merveilleuses de cette maladie. Dans ses moments de crise, qui se répètent jusqu'à six et même sept fois par jour, madame Schm.... entre en communication directe avec vos pensées les plus intimes et les plus secrètes. J'ai passé deux heures entières, seul, en tête à tête avec elle, et je suis encore tout ému des confidences vraiment étonnantes qu'elle m'a faites. Explique qui pourra ces étranges choses; quant à moi j'y renonce; mais je l'avoue en toute humilité, au risque de faire sourire les esprits forts, je crois à la catalepsie et à l'intelligence surnaturelle, ou, si vous le préférez, au don de *seconde vue*, que les cataleptiques tiennent d'en haut.

Le chant exerce sur madame Schm... une grande et salutaire puissance; il l'apaise dans ses moments de crise si douloureux, si longs, et si fréquents;

quelquefois même il opère sur le système nerveux tout entier une réaction si subite et si profondément sentie, qu'elle s'éveille aussitôt et reste plongée pendant des heures entières dans une extase qu'elle m'a assuré être pleine de charme et de bonheur pour elle.

Vous me sauriez mauvais gré sans doute si je quittais Aix sans vous parler des concerts qu'on y a donnés cette année; ils ont été peu nombreux, mais satisfaisants sous tous les rapports. Nous avons d'abord entendu MM. Baumann et Cherblanc, attachés tous les deux en qualité de violons *solo* à l'orchestre du grand théâtre de Lyon.

Le premier de ces deux artistes est un des élèves les plus distingués de Baillot, l'habile professeur qui a porté si haut l'art de conduire l'archet et celui non moins difficile de l'émission du son; l'admirable artiste dont l'archet merveilleux reproduisait avec une perfection si saisissante les beautés des anciens maîtres, la majesté de Haydn, la bonhomie gracieuse de Boccherini, l'élan fougueux et souvent si passionné de Mozart. La méthode de M. Baumann est plutôt large que savante; peut-être pourrait-on lui reprocher de ne pas apporter assez de fini et assez de pureté dans l'exécution de la note; mais aussi, quelle chaleur délirante il déploie!..:. comme l'on sent courir le mouvement et la vie, sous ces notes qui résonnent avec tant de force et tant d'éclat sous ses doigts!... Son *staccato* et son *tremolo* surtout ont une grande vigueur et une grande puissance de vibration. Son exécution enfin a quelque chose de fougueux et d'irrésistible qui domine, entraîne, subjugue et force les natures les plus froides et les plus rebelles à l'influence musicale, à écouter et à applaudir.

Le violon, le plus petit des instruments à archet, est sans contredit le plus important de tous ceux employés dans l'orchestre; disons mieux, il en est le roi. Il est dans le domaine de la musique dramatique, ce que l'orgue est dans le domaine de la musique sacrée, l'instrument par excellence et sans rival. A l'éclat, à la grâce, à la vivacité, il joint un genre particulier d'expression qui pénètre l'âme, la transporte et la captive sous le charme énivrant de ses accents mélodieux. Il unit la mélodie à l'harmonie en faisant résonner plusieurs cordes à la fois, et souvent, heureux émule de la voix humaine, il exprime avec une énergie rare les nuances si multipliées et si délicates des passions.

Le talent de M. Cherblanc, élève de Baillot, comme le précédent, a quelque chose de plus net, de plus achevé, de plus correct, de plus pur, je dirais même de plus *léché*, si ce mot exclusivement employé en peinture pouvait être accepté, mais aussi de plus froid. Peu d'artistes ont l'oreille aussi délicate et l'exécution aussi sûre que lui, et il est peu de violons qui rendent avec autant de netteté, les traits en octave, redoutable écueil contre lequel tant d'exécutants viennent se briser. La quinte et l'octave sont les seules consonnances parfaites, et il suffit souvent de la plus imperceptible hésitation dans le doigté pour que la justesse soit détruite. Tout est bien, très-bien dans le jeu de M. Cherblanc.

On l'écoute avec un plaisir extrême, malheureusement on ne se sent pas ému.

Placez un étranger ayant le goût et l'instinct des choses musicales, mais ne connaissant aucunement ni l'un ni l'autre de ces deux artistes d'un incontestable mérite, dans un appartement voisin de celui où ils se trouvent, et priez-les de jouer l'un après l'autre. Demandez maintenant à cet étranger quel est celui de ces deux artistes qu'il vient d'entendre qu'il suppose être le plus jeune. Sa réponse, n'en doutez pas, sera prompte et catégorique. C'est M. Baumann qu'il vous désignera, et cependant ce dernier a au moins vingt bonnes années de plus que M. Cherblanc qui est un homme dans toute la force et dans toute la vigueur de l'âge. C'est qu'en effet, il y a dans le jeu de M. Baumann quelque chose d'entraînant, de juvénile qu'on cherche en vain dans le jeu méthodique et compassé de M. Cherblanc, lauréat du Conservatoire, qui ne comprend pas assez peut-être que c'est souvent faire preuve de tact, de goût et d'habileté que de sacrifier à l'expression et à la poésie musicales, les traditions du maître et les leçons sévères de l'école.

Cependant, comme il faut être vrai avant tout, je dois avouer que M. Cherblanc m'a réellement ému dans un air varié sur des motifs de l'opéra *I Puritani*, de Bellini, qu'il a joué avec un sentiment exquis et un *brio* vraiment magistral. Est-ce l'exécutant, ou bien plus tôt au contraire est-ce la musique de Bellini qui m'a ainsi ému?... Je n'ose me prononcer. M. Cherblanc a certes un grand talent, mais Bellini est un de mes *maestri* de prédilection et sa musique suave, celle de *I Puritani* surtout, a toujours eu le privilége de me charmer. Un jour, il m'en souvient comme si cela datait d'hier seulement, on annonce à Paris l'arrivée de Bellini. Le jeune artiste avait dit adieu à son beau pays d'Italie, tout inondé de soleil, tout imprégné de suaves parfums, tout étincelant d'yeux noirs et de frais corsages, tout murmurant de chants de volupté et d'amour. Il voulait voir Paris, entendre son nom se mêler au bruit des applaudissements de son public d'élite; il voulait enfin, lui aussi, à l'exemple de Rossini, écrire pour la scène parisienne. Ce désir si honorable et si flatteur nous a valu la belle partition de *I Puritani*. Savait-il alors qu'il portait en lui le germe d'une maladie mortelle?... Ecoutez la musique de cet opéra qui a été pour lui le dernier chant du cygne. Ne trouvez-vous pas dans ces mélodies si fraîches et si pures, quelque chose de triste et de doux qui vous porte à la rêverie!.... Ne sentez-vous pas, en écoutant cette divine musique, vos yeux se remplir de larmes!... C'est qu'involontairement et sans s'en douter peut-être, le jeune *maestro* a réfléchi dans son œuvre les douloureux pressentiments de son âme. Il y a dans cette œuvre comme un vague souvenir d'un bonheur qui va finir; on dirait un adieu, un dernier adieu à cette bonne mère, à ce vieux père, à cette jeune et douce fiancée qu'on ne reverra jamais plus....

M. Renard, jeune amateur de Lyon, s'est fait entendre au profit de MM. Baumann et Cherblanc, ses compatriotes, et a obtenu de justes et unanimes applaudissements. Ce chanteur réunit les meilleures conditions vocales. Sa voix rappelle un peu celle de Chollet dans le bon temps où Chollet chantait; elle est facile et également élevée sans trop d'efforts. Son timbre surtout est d'une pureté et d'un charme exquis. Pleine et grave dans les cordes basses, suffisante dans celles du *medium,* douce et pénétrante dans les registres supérieurs, cette voix possède en outre la qualité précieuse, si remarquable chez Alexis Dupont, de porter le son à une grande distance. La sonorité de cette voix se révèle éclatante et avec une égalité parfaite depuis le *sol* du médium jnsqu'au *la* aigu.

La méthode de M. Renard est irréprochable, et sa respiration parfaitement réglée. On devine sans peine, en l'écoutant chanter, qu'il a suivi avec fruit les leçons des grands maîtres. On devrait lui conseiller seulement de se donner un meilleur accompagnateur, de se prodiguer un peu moins; à l'exemple de la jolie femme, le chanteur doit savoir se faire attendre et désirer même quelquefois, et d'apporter surtout plus de discernement et plus de goût dans le choix des morceaux qu'il veut chanter en public. Il est tels morceaux dont la valeur musicale quoique réelle, ne saurait être appréciée comme elle doit l'être, par la foule qui remplit d'ordinaire une salle de concert. Il y a là, sans doute, des personnes fort compétentes et très en état de juger du mérite de composition et d'orchestration d'une œuvre musicale; mais à côté de ces personnes, il y en a cent autres que l'audition d'une musique trop sérieuse et trop savante laisse froides et même indifférentes. Pourquoi la musique chantante, sautillante et si éminemment française d'Auber et d'Adolphe Adam, obtient-elle partout et toujours un succès si franc et si populaire, quelque faibles et inexpérimentés que soient souvent ceux qui l'interprètent?.... C'est que chacun la comprend et peut facilement avec un peu de mémoire et un peu de bonne volonté, en retenir les mélodies si originales et si gracieuses.

Il serait à désirer aussi que M. Renard semât son

chant de moins de roulades, l'émaillât de moins de fioritures ; c'est là un genre de pyrotechnie gutturale de très-mauvais goût. C'est un non sens que l'usage et les exigences des chanteurs imposent malheureusement beaucoup trop souvent à nos compositeurs, qui, au lieu de résister avec courage, se laissent entraîner à la dérive de ces tendances funestes pour l'art. Sans doute il ne faut pas proscrire les ornements qui tiennent au chant même, les traits, les rentrées, tout ce qui peut ajouter enfin du charme au motif et en lier les diverses parties. Mais comment comprendre les fioritures sans étoffe par dessous : ce n'est plus alors de la broderie, c'est, permettez-moi cette locution hasardée, de la *passementerie* vocale, et la passementerie n'a jamais eu, aux yeux de qui que ce soit, une grande valeur.

Après ces messieurs sont venus deux artistes de Paris, dont la réputation est faite depuis longtemps, MM. George Hainl et Richelmi.

M. George Hainl est un violoncelliste plein d'avenir. Ce qui distingue son talent si souple et si éminemment varié, c'est l'expression et la grâce. Quelque grande que soit la difficulté, il la surmonte sans que l'auditeur s'en inquiète ; ce qu'il poursuit constamment, c'est l'idée. De là l'unité qui préside à son exécution savante, de là le choix heureux qu'il fait de ses morceaux de concert. « La musique qui ne flatte que les oreilles est une « musique vulgaire » a dit avec une haute raison l'illustre chef de l'école napolitaine, Alexandre Scarlatti ; l'immortel Gluck, lui aussi, sacrifiait les ornements inutiles à une noble simplicité ; il voulait avant tout la clarté dans le discours musical ; il voulait que l'idée se fît jour au milieu des modulations diverses qu'elle revêt. Alors l'audition devient facile ; c'est un charme qui vous berce doucement et aux séductions énivrantes duquel on se livre tout entier.

Le jeu si brillant et si fini de M. George Hainl, auquel il ne manque pour être complet qu'un peu de la vigueur mâle et sévère, tant et si justement admirée chez Romberg, s'empreint de je ne sais quel sentiment doux et tendre qui vous remue, vous pénètre et vous émeut. Rien de plus exquis, rien de plus suave, rien de plus parfait enfin que sa manière gracieuse et originale de chanter; rien de prodigieux comme son art de filer les sons, et de les éteindre graduellement et presque en mourant, avec un velouté de timbre inexprimable, dans un *piano* lent et presque imperceptible à l'oreille, où chaque note conserve sa valeur, où les nuances les plus délicates sont observées avec une rigueur qu'on ne saurait trop admirer et à laquelle on ne saurait trop vivement applaudir.

Je regrette sincèrement que cet artiste de tant de talent et de tant d'avenir, ait abandonné aujourd'hui presque complètement l'étude de son instrument de prédilection pour prendre en main le bâton de commandement de chef-d'orchestre du grand théâtre de Lyon. Violoncelliste, il eût bientôt marqué sa place à côté de Franchomme, de Batta et de Servais, nobles et glorieux artistes qui se partagent si dignement de nos jours la royauté mélodieuse du violoncelle.

M. George Hainl qui possède et sait appliquer avec intelligence les règles multipliées et précises de cette poétique musicale qu'on nomme *maestria*, poétique délicate à l'étude de laquelle nos grands chefs-d'orchestre ont consacré leur vie entière, a rendu et est appelé à rendre encore d'importants services à l'art musical à Lyon, mais faut-il le lui avouer, ce ne sera pas sans quelque peine qu'il parviendra à recueillir la succession enviée de Habeneck. Il faut offrir à un degré éminent la réunion de tant de qualités pour constituer un bon chef-d'orchestre; et il est si difficile surtout de remplacer un homme tel que Habeneck!...

Qui de vous ne se souvient d'avoir vu ce chef-d'orchestre modèle, devant son pupitre, à l'opéra, l'archet en main, l'oreille tendue, l'œil étincelant, le visage inspiré, soufflant aux artistes nombreux, instrumentistes et chanteurs, dont il est entouré, la volonté qui le soutient et l'ardeur toute juvénile qui l'anime, commandant à cette harmonieuse phalange les évolutions les plus compliquées, les manœuvres les plus savantes, ne laissant échapper aucun détail, ne négligeant aucune nuance. Quel art de se faire comprendre et de se faire obéir! quelle verve! quel feu! quelle intelligence des maîtres! quel sentiment exquis de leur style! quelle admiration passionnée pour leurs beautés!...

Quant à M. Richelmi, vous l'avez sans doute entendu; il ne chante pas la romance, il la soupire; sa voix n'est pas une voix, c'est quelque chose de simple et de doux qui tient du gazouillement de la fauvette, qui charme l'oreille et va droit au cœur.

Si maintenant, vous demandez ce qu'il faut penser d'Aix et de la vie qu'on y mène, je vous répondrai sans hésiter : êtes-vous malade, réellement malade, allez à Aix; ses eaux méritent toute la célébrité dont elles jouissent depuis si longtemps, et rien n'égale les soins et les prévenances dont vous serez entouré dans l'établissement thermal et dans les hôtels où vous descendrez. Si au contraire vous êtes en bonne santé, et si c'est le désir seul de rencontrer quelques-unes de ces jouissances fines et délicates où l'esprit a tant de part, qui dirige vos pas, n'allez point à Aix ; vous vous y ennuieriez à périr, à moins que vous n'apparteniez à la coterie régnante, — il y en a toujours une et deux même quelquefois, — et que vous ne trouviez du plaisir à voir courir dans les contre-allées de la promenade du *Gigot* les ânes nombreux qui, moyennant une faible rétribution donnée aux petits enfants qui les conduisent, vous transportent à toute heure de la journée, avec une célérité douteuse, dans les délicieux environs d'Aix : noble et spirituel divertissement qui se renouvelle plusieurs fois par mois au grand contentement de ces messieurs et de ces dames.

Voilà mes comptes à peu près réglés et je n'ai plus devant moi que quelques heures pour terminer mes préparatifs de départ. On a dit depuis longtemps déjà que les derniers moments qui précèdent un départ sont ennuyeux ; on aurait dû ajouter, pour être complètement vrai, qu'ils sont souvent pénibles et douloureux. Ici c'est un ami dont on serre la main avec affection, en lui disant : au revoir; quelquefois c'est une jeune fille aux blonds cheveux, au doux regard d'ange, à laquelle on est forcé bien malgré soi d'adresser un long et dernier adieu. Rêves commencés, illusions à peine entrevues, il faut tout laisser, tout abandonner.

II.

D'Aix à Genève, la route n'offre rien de remarquable. Si ce n'étaient la cascade de Grésy, Annecy, le pont de la Caille, et cette charmante petite ville de Carouge, le plus joli des faubourgs de Genève, cette belle cité qui se mire si coquettement dans les eaux de son lac, on laisserait fuir le paysage sans jeter un seul regard sur son ensemble et ses détails.

On a peut-être trop exagéré les beautés de la cascade de Grésy ; elle manque de chute, mais il faut cependant se hâter de reconnaître que, telle qu'elle est, elle vaut bien la peine d'être vue. Le bassin au fond duquel elle roule ses eaux est encaissé dans des rochers taillés à pic, au sommet desquels se dressent de chaque côté, des moulins dont l'aspect est pittoresque et saisissant. Il y avait peu d'eau lorsque je l'ai visitée, aussi n'ai-je pu juger qu'à demi de l'effet qu'elle doit produire lorsqu'elle s'épand en nappe et bondit bruyante et pleine d'écume le long des roches aiguës qui garnissent son lit. Mon guide m'a montré le trou du rocher dans lequel la jeune et infortunée baronne de Broc disparut sous les yeux de la reine Hortense, dont elle était tout à la fois la dame d'honneur et l'amie. Toutes les recherches furent vaines ; quelques heures après seulement on trouva son cadavre qui flottait à la surface de l'eau.

La reine de Hollande, la fille chérie de Joséphine, résidait depuis quelques jours à Aix où elle était venue passer la saison des bains, en compagnie de quelques personnes de sa cour, lorsque un matin, la baronne de Broc, l'une de ses dames d'honneur, celle qu'elle préférait à toutes les autres et qu'elle appelait du doux nom d'amie, lui proposa d'aller visiter la cascade de Grésy. Le temps était magnifique, l'air frais et pur, et les préparatifs du départ furent bientôt faits.—On se mit gaîment en route. Aucun de ceux qui composaient la joyeuse et brillante caravane ne pressentait alors l'événement affreux qui devait, quelques instants après, marquer d'une manière si fatale cette journée commencée sous de si heureux et si riants auspices.— A peine arrivé, chacun voulut, la reine la première, descendre au fond du ravin où coule la cascade, afin de juger de plus près de son merveilleux effet. Mais, ô douleur cruelle!... un horrible cri retentit, et le gouffre s'entr'ouvre pour recevoir la baronne de Broc qui y tombe engloutie. La malheureuse jeune femme avait perdu subitement l'équilibre, au moment où rieuse et les yeux fixés sur la reine

Hortense qui l'appelait à elle, elle s'élançait pour atteindre le rocher sur lequel son amie l'attendait. — Un monument fut élevé par les soins de la reine Hortense, au lieu même où périt la baronne de Broc, cette femme de tant d'esprit, de jeunesse et de beauté, et sur la pierre de ce monument furent gravées ces simples et touchantes paroles que vous ne pourrez lire sans éprouver une vive et profonde émotion, et sans verser peut-être même quelques larmes :

ICI

MADAME LA BARONNE DE BROC,

AGÉE DE 25 ANS,

A PÉRI SOUS LES YEUX DE SON AMIE,

LE 10 JUIN 1813.

Ô VOUS QUI VISITEZ CES LIEUX !

N'AVANCEZ QU'AVEC PRÉCAUTION SUR CES ABÎMES,

SONGEZ A CEUX QUI VOUS AIMENT !

Annecy, la ville la plus importante de la Savoie après Chambéry, doit une partie de sa renommée et de sa gloire à saint François de Salles, qui occupa son siége épiscopal avec tant de distinction pendant les années si orageuses qui suivirent les commencements de la réforme religieuse, et à la célèbre fondatrice de l'ordre de *La Visitation*, sainte Françoise de Chantal, l'aïeule de notre aimable et tant spirituelle marquise de Sévigné. N'oubliez pas de visiter la chapelle du couvent de la Visitation, où l'on voit exposés dans de riches reliquaires en vermeil, sur le maître-autel, le corps entier du saint évêque revêtu de ses ornements pontificaux, et dans une des chapelles latérales, celui de la fondatrice de l'ordre de la Visitation, couverte de ses habits de religieuse. Ces précieuses reliques sont dans un état parfait de conservation et attirent chaque année, à Annecy, un concours prodigieux d'étrangers et de fidèles.

Au moment où je visitais cette chapelle, une jeune femme, d'une rare distinction, priait avec une angélique ferveur. Je ne sais pas de spectacle plus favorable aux poétiques revêries, qu'une jeune femme, à la tombée du jour, agenouillée, les bras croisés sur son sein, le regard implorant aux pieds d'une statue de la Vierge, le crédit tout puissant de la mère de Dieu,—sous les voûtes assombries d'une église où se confond dans une harmonie mystérieuse la lumière bizarre des vitraux avec l'odeur flottante de l'encens. On se surprend à rêver malgré soi, à travers la brume des traditions chevaleresques de ces anges gardiens que chaque famille invoquait au nombre de ses ancêtres.

Au double souvenir de saint François de Salles et de sainte Françoise de Chantal, ajoutons afin de ne ne pas être accusé d'omettre sciemment quelque chose d'essentiel et d'intéressant, qu'Annecy s'honore de compter au nombre de ses plus illustres enfants, Berthollet, qui contribua si puissamment en société avec Lavoisier, Fourcroy et Guyton-Morveau, à consommer une véritable révolution dans la science chimique, et à en changer la face en Europe.

Gardez-vous bien aussi de quitter cette ville sans parcourir son lac, jolie miniature de celui du Bourget, et qui a sur ce dernier l'avantage d'offrir au milieux de ses eaux entourées de sites d'une nature agreste et tout-à-fait champêtre, une petite ile assez étendue pour qu'une maison de campagne et un beau jardin y aient trouvé place.

A mesure que nous approchons du pont de la Caille, les lignes de l'horizon se développent et s'agrandissent, et l'aspect du paysage se présente sombre et presque menaçant. Déjà les premiers rameaux des chaînes alpines se laissent apercevoir; voyez-vous comme un point noir perdu dans les nuages qui courent sur les flancs des montagnes, cette ligne qui ondule sous le poids des hommes, des chevaux et des voitures qui la traversent?..... C'est le pont de la Caille, cette merveille étonnante dont la Savoie peut, à bon droit, se montrer fière. Grâce à cette gigantesque entreprise menée si promptement à une si heureuse fin, la route qui tend de l'Italie vers la Suisse, en empruntant le territoire de la Savoie, sera constamment praticable même dans les jours les plus rigoureux de l'hiver. Que de difficultés il a fallu vaincre pour arriver au complet achèvement de cet ouvrage remarquable! Les montagnes étaient hautes et escarpées, et l'abîme sans fond. Le pont si vanté de Fribourg a plus de longueur dans œuvre puisqu'il compte deux cent soixante-treize mètres de portée, mais quelle différence dans l'élévation! Savez-vous bien que du milieu du pont de la Caille, l'œil épouvanté plonge *perpendiculairement* dans une profondeur de plus de six cents pieds?.....

On peut adresser cependant un reproche aux constructeurs de ce pont. Ils ont sans doute fait preuve d'une habileté remarquable; mais ils auraient pu faire mieux encore. Pourquoi n'avoir pas évité ces oscillations qui agitent dans tous les sens le tablier de ce pont dès qu'un piéton seulement le traverse? Ces oscillations qui n'offrent pas, il est vrai, des dangers réels, épouvantent toujours un peu le voyageur craintif, et usent le système de suspension de ce pont. Il eût été facile de remédier à cet inconvénient en établissant des culées plus massives. De cette façon on eût évité *le fouet* que produisent les oscillations sur les câbles de retenue, lequel *fouet* se fait plus vivement sentir encore sur les câbles suspenseurs.

La voiture chemine, et nous arrivons en vue de Genève. Voilà dans le lointain cette cité si orgueilleuse et si remuante. Du point où nous sommes, on distingue à peine la ville, et on l'oublierait même, si le clocher de la cathédrale de Saint-Pierre et le Léman, sur les eaux pures duquel glissent et se heurtent en scintillants reflets les feux du soleil à son déclin, n'étaient pas là pour nous l'annoncer. Nous traversons le pont qui unit les deux rives de l'Arve, cette effrayante rivière que la fonte des glaciers de la Savoie grossit à chaque instant; et après avoir jeté en passant un regard de convoitise sur les blanches maisons et les riants jardins de la petite ville de Carouge et nous être arrêtés pendant quelques instants sur le front de bandière du camp où s'exercent les milices fédérales du canton de Genève, nous entrons dans cette ville par la porte de France.

Genève est une ville où chaque objet mérite d'être vu et observé avec la plus grande attention. Elle manque entièrement de ce caractère d'individualité si profondément empreint que l'on remarque dans les cantons allemands de la Suisse. Placée, comme elle l'est, au centre de l'Europe, elle est devenue, depuis un siècle surtout, le rendez-vous de toutes les nations qui se partagent le continent européen. Vous comprenez sans peine que ce n'est pas aujourd'hui que je puis vous en parler. Je l'ai encore à peine aperçue, et ce n'est pas trop de quelques jours pour la visiter et pour étudier sa physionomie si gracieuse et si mobile. D'ailleurs, cette tâche que je remplirai, à mon retour de Chamouny, serait incomplète, si je n'y joignais la description des deux rives de son lac. Que de souvenirs nous aurons à recueillir !...... Ferney, où tout parle encore de l'homme en qui viennent se résumer l'esprit et les tendances philosophiques du dix-huitième siècle; Coppet et Mme de Staël; Lausanne et la maison où Gibbon composa son grand ouvrage philosophique sur l'empire romain; puis les bosquets de Clarens, sous les frais ombrages desquels on se surprend à soupirer le doux nom de Julie; vis-à-vis, les rochers de Meillerie et la douleur de Saint-Preux; et là bas, à l'extrémité du lac, le château de Chillon où languit pendant six années François Bonnivard, l'héroïque défenseur de la liberté de Genève.

Il est donc convenu que vous me laisserez traverser Genève sans m'y arrêter, autrement que pour y retenir un logement à l'Hôtel de la Couronne.

Nous voilà arrivés à Bonneville. Pendant que l'on fait les préparatifs de notre déjeûner, je vais parcourir la ville avec les dames qui ont bien voulu m'accepter pour compagnon de voyage. Une heure nous a suffi pour voir les deux seules

choses remarquables qu'elle possède : le monument élevé à l'extrémité du pont, destiné à perpétuer le souvenir de la reconnaissance des habitants envers le défunt roi de Sardaigne, Charles-Félix, et le château dont l'admirable position commande la ville et la campagne où l'Arve, contenu aujourd'hui dans d'épaisses et hautes digues, promène en tumulte ses eaux menaçantes et troublées.

Avec le village de Cluse, ont fui les ravissants paysages que nous avons rencontrés épars çà et là autour de nous depuis Genève. Voici venir les Alpes avec leurs sombres et magnifiques horreurs. Une seule fois, avant d'arriver à Sallanches, l'étroite gorge dans laquelle nous nous sommes engagés, s'élargit et offre à nos regards surpris et charmés une délicieuse vallée Suisse avec ses frais et gracieux détails. Rien n'y manque, l'illusion est complète. Sur la colline, les bosquets de Maglan et les chalets avec leur toit de chaume et leurs galeries de bois découpées à jour, et dans le bas-fond, de vertes prairies où paissent, sous la garde d'un jeune pâtre, ces belles vaches dont le lait est si doux et si parfumé.

Mais n'entendez-vous pas gronder dans le lointain les eaux du *Nant* (1) d'Arpenas?... Un habitant de la campagne que nous trouvons sur la route, nous dit qu'il a plu dans la montagne pendant toute la nuit dernière, et que la cascade n'a jamais été plus abondante et plus imposante qu'aujourd'hui. Il n'a rien exagéré. Vue de la route, l'effet qu'elle produit est véritablement prodigieux. Figurez-vous une immense colonne d'eau qui se précipite perpendiculairement avec la rapidité de la foudre, d'une hauteur de deux cents pieds, et qui, près d'arriver à terre, se résout en une poussière fine et légère qui se teint aux rayons ardents du soleil de toutes les couleurs d'un brillant arc-en-ciel.

(1) On donne dans les Alpes aux torrents le nom de NANT, mot celtique qui signifie *amas d'eau, eau courante*. Dans les Pyrénées, ils prennent le nom de GAVE.

Je ne sais pas si c'est le pays que je viens de parcourir qui m'a rendu indulgent et m'a disposé à voir tout en beau, mais le fait est que je trouve charmante la position de la petite ville de Sallanches. Son vaste bassin que les eaux de l'Arve divisent dans toute sa longueur, est plein de mouvement, de fraîcheur et de vie, et je ne connais pas de fond de paysage qui égale en magnificence et en grandeur l'horizon qui s'ouvre devant elle. C'est d'un côté, au milieu d'un amphithéâtre de montagnes aux couleurs changeantes, aux attitudes diverses, aux formes bizarres et capricieusement tourmentées, la haute aiguille de Varens, et de l'autre le Mont-Blanc élevant royalement vers les cieux son front couronné d'un éclatant diadème de neige et de glace.

Ici commencent nos tribulations, les seules qui nous aient encore assaillis durant notre voyage, car nous ne pouvons pas compter comme une tribulation véritable la visite bénigne et polie à laquelle nous avons été soumis, nous et nos bagages, à notre entrée et à notre sortie du territoire Sarde et à notre entrée dans le canton de Genève. Les douaniers de notre beau pays de France feraient bien de prendre pour modèles leurs confrères de Sardaigne et de Genève. Autant ces derniers sont honnêtes et bienveillants, autant ceux de France sont souvent grossiers et curieux quelquefois jusqu'à l'indécence. Je comprends parfaitement qu'ils soient inexorables envers ceux qui vivent de contrebande et de fraude et cherchent, à toute heure du jour et de la nuit, à mettre en défaut leur active surveillance ; ainsi le veut et l'exige le système *absolu* de prohibition commerciale qui nous régit, système absurde et souverainement injuste qui ne saurait longtemps résister aux efforts énergiques et persévérants des hommes éminents dans la science économique et dans l'industrie qui se sont faits de nos jours, en Angleterre et en France, les nobles champions des saines doctrines du libre échange ; mais doivent-ils traiter de la même façon et soumettre au même régime d'honnêtes voyageurs qui se révoltent et s'indignent, hélas! bien en vain, d'être ainsi assimilés à des contrebandiers et à des malfaiteurs?...

Le règlement est précis dans ses termes; et nul voyageur ne peut impunément se soustraire à ce qu'il ordonne. Force nous est donc de laisser à Sallanches notre voiture de voyage pour monter dans un char de côté dont l'apparence un peu mesquine fait faire la grimace à ces dames, qui regrettent plus vivement que moi encore la calèche qui nous a amenés de Genève, dans laquelle on était si doucement bercé et où, soit dit sans malice, *on dormait si bien.* La route que nous allons parcourir est fort étroite et bordée de précipices affreux dans la plus grande partie de son étendue, et le gouvernement paternel de Sardaigne, dans un intérêt bien entendu de sécurité pour les voyageurs, n'autorise sur cette route que le parcours des voitures semblables à celle sur les bancs assez mal rembourrés de laquelle nous venons de prendre place. Elles sont basses afin que les chutes soient moins dangereuses, et la largeur de leur voie est rigoureusement calculée d'après celle du chemin.

Le postillon qui nous conduit est sourd à faire mourir de la poitrine ceux qui seraient tentés de lier conversation avec lui. Mais que nous importe ? il nous mène bon train ; et nous arrivons à Saint-Gervais, moins d'une heure après avoir quitté Sallanches.

Les propriétés médicales des eaux de Saint-Gervais sont absolument pareilles à celles des eaux d'Aix. Leur température est cependant moins élevée, aussi n'agissent-elles pas avec une aussi grande activité sur l'économie vitale. L'établissement thermal est vaste et disposé avec goût et intelligence. Il se compose de trois grands corps de logis qui, dans certains moments de la saison, suffisent à peine à contenir le grand nombre de baigneurs qui s'y présentent. On songe sérieusement, m'a-t-on dit, à les agrandir, et l'on fera très-bien. Depuis 1801 seulement qu'un établissement s'y est formé, les eaux de Saint-Gervais sont chaque année plus fréquentées. La vie qu'on y mène, cela s'explique du reste facilement, n'est ni aussi confortable ni aussi brillante que celle qu'on trouve à Aix. Beaucoup de gens ne vont dans ce dernier lieu que conduits par l'espoir, oui ou non fondé, de s'y amuser; on vient à St-Gervais, au contraire, pour y chercher un remède souvent efficace aux maux qu'on endure.

Si vous vous éloignez de Saint-Gervais sans voir la cascade de Bonnant, ne l'avouez pas à votre retour. C'est que c'est là un admirable spectacle que vous ne rencontrerez peut-être pas ailleurs. — Vous traversez, entre deux et trois heures de l'après midi, alors que le soleil a exercé son action pénétrante sur les glaciers, le pont en bois jeté sur le Bonnant, et après avoir gravi pendant quelques minutes un petit sentier ménagé avec art sur les flancs rapides d'une montagne couverte, depuis la base jusqu'au sommet, de vieux et noirs sapins, vous arrivez en vue de la cascade dont vous n'êtes séparé que par la largeur d'un ravin profond. Asseyez-vous maintenant sur le banc en bois qu'une main prévoyante et attentive a dressé sur ce point élevé et si merveilleusement choisi, et puis laissez votre regard ébloui et épouvanté tout à la fois se fixer sur cette merveilleuse cascade à la voix tonnante et aux proportions gigantesques. Ici, ce n'est plus un ruisseau qui suit capricieusement les mille détours de la montagne avant de se mêler aux eaux limpides et tranquilles du vallon; mais bien une rivière entière qui s'échappe avec furie du milieu des rochers qu'elle a creusés à pic dans une profondeur de plus de cent pieds, en chassant devant elle dans sa chûte des blocs de rochers et des arbres entiers que les avalanches ont précipités dans son lit.

Pourquoi la cascade de Chède nous apparaît-elle jaillissant à mi-côte, dans une espèce de conque naturelle, à quelques pas de là seulement, de l'autre côté de l'Arve que nous venons de franchir sur ce pont de bois peint en rouge, qui appuie son arche unique sur des blocs de granit auxquels le frottement incessant des eaux a donné le brillant et le poli du marbre le plus beau?... Elle est pleine de poésie, et le paysage qui l'encadre, composé de prairies, de bois, de chalets et de champs cultivés, est d'une fraîcheur et d'une variété ravissantes ; mais on est encore tout ému, et c'est à peine si on lui accorde en passant un coup-d'œil fugitif et distrait.

Le village de Chède suit de près la cascade de ce nom. On l'abandonne bientôt pour s'enfoncer dans la montagne où vous attend un spectacle dont le charme imprévu et l'aspect doux et reposé contraste d'une manière délicieuse avec la sombre et austère sévérité des montagnes qui enveloppent l'horizon et l'étreignent sur tous les points. Vous cheminez pendant quelques instants à l'ombre épaisse des chênes, des bouleaux et des melèzes, et voilà que tout à coup, sans que rien vous y ait préparé, vous arrivez en face d'un petit lac qui ressemble, ainsi jeté au milieu des prairies et des fleurs, à une perle éblouissante de transparence et de blancheur, enchâssée dans une verte émeraude.

Ce lac, qui a peu d'étendue et peu de profondeur, mais dont les eaux conservent une pureté inaltérable, se nomme le *lac vert*, désignation caractéristique qu'il doit évidemment à la luxuriante verdure des prairies qui forment une fraîche et riante ceinture à ses bords.

Autant l'œil se repose avec complaisance et bonheur sur les eaux pures du lac vert, autant il s'éloigne avec effroi de la ravine profonde au fond de laquelle le Nant *noir* roule en mugissant ses ondes noires et fangeuses. Autour du lac vert, c'est la nature parée de toutes ses grâces, de toutes ses séductions, de tous ses merveilleux enchantements. Ici, au contraire, autour du Nant noir, tout est triste, tout est lugubre et désolé : des rochers surplombant l'abîme, des crêtes arides et dépouillées; pas un seul arbre, si ce n'est au loin dans les dernières perspectives de l'horizon; des forêts de sapins déployant leur sombre voile le long des pentes de la montagne.

Le Nant noir, ainsi appelé à cause de la couleur

noirâtre que donnent à ses eaux les ardoises et les débris de terre ferrugineuse qu'il charrie, est un objet d'épouvante pour les habitants simples et primitifs de ces régions montagneuses. C'est que, suivant eux ou plutôt suivant la tradition dont ils sont les crédules organes, c'est sur les bords de ce hideux torrent que *les esprits des montagnes maudites* viennent, pendant les longues et froides nuits de l'hiver, alors que le vent gémit et que la neige tombe à gros flocons, tenir leur sabbat infernal. Ce sont eux qui ont bouleversé le sol si accidenté de ce pays; eux qui ont brûlé et desséché cette terre où toute trace de végétation a disparu; eux qui, dans leur course impétueuse et désordonnée, ont brisé et enseveli au fond de l'abîme les grands arbres qui animaient autrefois ces solitudes aujourd'hui si désolées; eux, toujours eux, qui, en se baignant dans les eaux de ce torrent, les ont troublées et les ont condamnées à couler éternellement noires et fangeuses. Ne trouvez-vous pas, comme moi, qu'il manquerait quelque chose à l'horrible beauté de ce site sauvage, si la légende populaire ne l'eût pas empreint d'un caractère si étrangement merveilleux?...

Tout est contraste le long de la route que nous parcourons. Après le Nant noir la végétation reparaît riche de sève et de vigueur, et voile à nos yeux, derrière un épais rideau de verdure, l'Arve qu'on entend bruire au fond du précipice. Puis, c'est une vallée dont l'aspect mélancolique et sévère impressionne singulièrement l'esprit. Au milieu de cette vallée encaissée dans de hautes montagnes qui semblent lui servir de cercueil, surgit, à l'extrémité d'un rocher dominé par les restes menaçants de ce pic immense qui s'écroula en 1741 et bouleversa cette contrée, une église autour de laquelle sont venues s'abriter quelques pauvres cabanes dont l'agglomération sur ce point a donné naissance à un village qu'on nomme Servoz.

Avec ce village revivent les souvenirs douloureux de la mort de ce jeune Suédois, M. Escher, dont on aperçoit le tombeau sur les rives dévastées du torrent de Dioza. Il partit un matin accompagné d'un guide, et le soir, quand la nuit eut enveloppé de ses ombres la montagne, le guide revint tristement seul au village. Le malheureux jeune homme avait voulu, malgré les prières et les énergiques efforts du guide, s'aventurer sur les glaciers périlleux du Buët, et la glace, s'entr'ouvrant subitement sous ses pas, l'avait entraîné dans des abîmes sans fond. Ce souvenir rend nos aimables voyageuses soucieuses et pensives; qui sait si elles ne sont pas émues en songeant que demain, quand le soleil paraîtra sur l'horizon, elles seront sur la mer de glace. Le pied ne repose jamais bien solidement sur cette surface si glissante et si traîtreusement mobile, et elles ont laissé, en quittant Paris, des parents et des amis qui leur sont chers, et auxquels, sans doute, elles songent encore.

Tout-à-coup et sans transition aucune, la gorge des *montées*, qui unit la vallée de Chamouny à celle de Servoz, s'offre à nous. L'Arve, que nous allons maintenant cotoyer jusqu'à sa source, roule, en

CHAMOUNY.

grondant, ses eaux à travers les sapins et les mélèzes qui s'élancent en jets vigoureux du milieu des rochers qui surplombent ce dangereux et étroit défilé, et la montagne se dresse menaçante devant nous.. Un moment nous avons cru que la route est sans issue, et c'est presque avec terreur que nous demandons au postillon s'il est bien sûr de ne pas s'être égaré. Pour toute réponse il nous montre du doigt, en riant, caché sur le sommet de la montagne, au milieu d'une touffe épaisse de hautes bruyères, le chemin que nous croyions perdu.

Déjà tout nous fait pressentir les approches de la vallée de Chamouny. La chaîne du Breven s'élève à notre gauche, nous distinguons à notre droite le dôme du Gouté, que tant de gens prennent pour le sommet du Mont-Blanc, et là haut, bien haut, dans ce nuage gris que le vent chasse et ramène tour à tour, se dessine d'abord indécise et bientôt après nette et saisissante à l'œil nu *la bosse du dromadaire*, la dernière cime du Mont-Blanc.

Voilà donc enfin devant nous cette délicieuse

vallée de Chamouny, verte oasis perdue au milieu de la neige et des glaces. C'est à sa position toute exceptionnelle au pied de la montagne la plus élevée de l'ancien monde, qu'elle doit sa renommée. Placez-la partout ailleurs, ce contraste si saisissant n'existera plus, et elle ne vous semblera alors ni plus gracieuse ni plus belle que tant d'autres vallées que vous avez visitées. Ce sont toujours, à quelques différences près, les mêmes accidents et les mêmes détails. Une rivière qui coule au fond, des montagnes qui l'enserrent dans leurs contours, des milliers de ruisseaux aux eaux vives et pures qui courent entre les herbes des prairies, des maisons jetées sur le penchant adouci des coteaux, et des bouquets de bois qu'on dirait placés à dessein pour varier et égayer le passage. Il faut qu'on le sache bien, on ne vient pas à Chamouny pour voir la vallée, mais bien pour admirer la magnificence et la grandeur sauvages des tableaux que la nature étale au pied, autour, et sur les sommets glacés du Mont-Blanc.

L'homme, dans son orgueil insensé élève jusqu'aux nues des édifices somptueux dont le temps anéantit et disperse au loin les gigantesques débris, tandis que les œuvres de la nature, debout sur leur base immuable, bravent les siècles et gardent éternellement au front la couronne d'immortalité que la main puissante de Dieu y a posée. Ce que le Mont-Blanc est aujourd'hui, il le sera demain, dans un an, dans un siècle, toujours. Les détails se modifient, mais l'ensemble reste et ne change jamais. L'avalanche peut détacher quelques rochers, mais ces rochers seront bientôt remplacés par d'autres; les arbres peuvent mourir, mais aussitôt mille rejetons nouveaux s'élanceront jeunes et pleins de vigueur, de leurs troncs vieillis, et pareront de leur verte ramure les pieds et les flancs du colosse.

Au bruit que fait notre voiture en parcourant la vallée, les hommes et les femmes paraissent sur le seuil de leur demeure pour nous saluer de la voix et du geste, et les enfants se mettent à courir à notre suite en nous offrant, avec leur éternel refrain :

ma belle dame ou *mon bon monsieur*, suivant la circonstance, qui un caillou qu'il croit précieux, bien qu'il l'ait ramassé le plus souvent dans le fossé du chemin, qui une fleur, qui des fruits ou du lait. On se sent attendri jusqu'aux larmes en voyant la pauvreté se faire si ingénieuse pour arriver jusqu'à vous, et l'on n'a pas le courage de refuser quelques menues pièces de monnaie à ces petits enfants si blonds et si roses. On a souvent reproché aux Savoyards leur excessive avidité; mais n'a-t-on pas aussi un peu trop oublié combien ils sont probes et malheureux. Ils cherchent, sans doute, toutes les occasions de gagner de l'argent; mais oubliez votre bourse, ils vous la rapporteront bien vite; et cependant cet argent qui n'ajoutera absolument rien à votre bien-être, les aurait peut-être mis pour toujours eux et leur famille à l'abri du besoin. Convenez qu'on pardonne volontiers un peu d'avidité à un peuple qui, malgré son excessive pauvreté, a su constamment se maintenir si probe et si délicat.

Nous arrivons au village du prieuré de Chamouny avec les dernières lueurs du jour. Quel mouvement et quel bruit autour de ces hôtels si nombreux et si brillamment éclairés! Serions-nous, par hasard, entrés, sans nous en douter, dans une de nos grandes cités, et le Mont-Blanc serait-il déjà loin de nous?......C'est plus qu'un sentiment de surprise qu'on éprouve, lorsque au pied des glaciers, dans cette vallée que la neige va bientôt couvrir de son linceul de mort, on trouve dans de vastes et élégants hôtels ces soins prévenants et attentifs, toute cette existence luxueuse et confortable qu'on ne rencontre pas toujours dans les hôtels si vantés de nos principales villes de France. Nos pères auraient infailliblement crié au miracle; nous qui sommes de notre siècle, et par conséquent, froids et positifs comme lui, nous faisons honneur de cette merveille au génie inventif de la spéculation. Le soir de notre arrivée 15 août, soixante-trois personnes s'asseyaient avec nous à la table d'hôte de l'Hôtel de la Couronne; et, depuis le commencement de la saison qui s'ouvre avec les premiers jours de juin, et finit avec les derniers jours de septembre, plus de *douze cents* voyageurs nous avaient précédés dans les différents hôtels du village du prieuré de Chamouny. Calculez, et voyez maintenant si les spéculateurs n'ont pas joué à coup sûr.

— Savez-vous bien, me dit le garçon de l'hôtel en me conduisant à l'appartement qui m'est réservé au n° 12, que M. Alexandre Dumas *nous a fait l'honneur* de coucher dans cet appartement, lorsqu'il est venu à Chamouny?...

L'importance qu'il semble attacher à un événement aussi simple m'amuse et c'est en riant que je lui réponds :

— Puisque vous vous souvenez si bien de M. Alexandre Dumas, donnez-moi donc quelques détails sur ce bon Gabriel Payot dont il nous a si plaisamment raconté les tribulations et les aventures en France d'abord, et puis en Angleterre où il était allé, s'il faut toutefois l'en croire sur parole, porter à un milord de Londres, deux jolis petits chamois pris par lui au milieu des glaciers de Chamouny?...

—Hélas! monsieur, il y a déjà plusieurs mois qu'il est mort.

—De froid sur un glacier, ou emporté sans doute par quelque avalanche?

—Non; des suites d'une chute qu'il fit en descendant l'escalier de cet hôtel.

—Le malheureux! J'aurais souhaité pour lui une mort moins triviale.

Il est grand jour; et nous voilà tous établis tant bien que mal sur nos mulets et cheminant bravement vers le Montanvert. Le brouillard épais qui enveloppait la vallée commence à se dissiper, et nous voyons s'étendre devant nous, sur les flancs du Mont-Blanc que nous ne gravirons pas à l'exemple de de Saussure et des hardis voyageurs qui l'ont suivi dans cette ascension périlleuse, les glaciers de Gria, ceux de Taconay et ceux des Bossons.

Par un effet bizarre des vapeurs nuageuses qui courent sur la surface si accidentée de ces derniers, j'ai cru un moment voir surgir une cathédrale aux proportions monumentales. Rien n'y manquait ; la porte d'entrée taillée et découpée en ogive, d'où le regard plonge dans les profondeurs mystérieuses de la grande nef, les saints de pierre debout dans leurs niches ouvragées, et à côté de ces deux immenses tours qui lui servent de clochers, ces milliers d'aiguilles fines et légères, ornement somptueux que l'art gothique a emprunté à l'architecture de l'Orient. Malheureusement un rayon de soleil glisse au milieu de cette fumée nuageuse qui se dissipe à son approche. Adieu la folle et fantasmagorique vision ; il n'y a plus qu'un beau glacier, qui serait sans contredit le plus beau glacier de toute la vallée, si l'on ne devait pas rencontrer un peu plus loin le glacier des Bois.

J'ignore à quoi je dois l'attribuer, mais j'éprouve, depuis que j'ai quitté le village de Chamouny, un sentiment de fiévreuse exaltation qui m'agite et me domine à mon insu. Serait-ce l'attente du magnifique spectacle que je vais bientôt avoir sous les yeux?..... Ou bien l'air du matin, toujours si vif dans ces hautes régions, aurait-il fait monter en trop grande abondance à mon cerveau les pénétrantes senteurs qui s'exhalent des plantes aromatiques qui croissent variées et nombreuses sur le Montanvert?....

Le coup-d'œil qu'offre la vallée vue du plateau, au-dessus de la fontaine qui jaillit à mi-côte de la montagne, est admirable. Vis-à-vis, en face du Montanvert, la longue chaîne du Breven au pied de laquelle est bâti le village du prieuré de Chamouny; dans le fond, à droite et à gauche, la vallée tout entière, bornée au sud-ouest par les monts de Lacha et de Vaudagne, et au nord-est par le col de Balme, limite plantée par la nature entre la Savoie et le canton du Valais. Dieu a donné à l'intelligence de l'homme une puissance infinie, me disais-je, en contemplant cet immense rideau de montagnes où le rocher et le précipice se disputent l'espace et dont les pieds aériens du chamois peuvent seuls gravir sans danger les sommets élevés. Il a suffi de deux hommes de génie et de volonté, Annibal et Napoléon, pour forcer deux fois les Alpes à courber leur front orgueilleux et superbe devant les armées nombreuses et aguerries qu'ils conduisaient à la conquête de l'Italie.

A mesure que nous approchons du terme de notre ascension, le sentier devient plus étroit et plus périlleux. Fort heureusement nos mulets ont le pied sûr, et de peur que le vertige ne s'empare subitement de nous, nous fermons les yeux pour ne pas voir le précipice qui fuit perpendiculairement au-dessous de nous à une profondeur de plus de cinq mille pieds. Nos guides pour qui une semblable course est jeu d'enfant, s'amusent de notre frayeur, et afin de nous rassurer sans doute, — merci de l'intention, — nous montrent le long de la montagne les traces meurtrières qu'y a laissées une énorme avalanche tombée dans les derniers jours de l'hiver précédent. Je regarde la figure de la plus jeune de nos voyageuses, et j'y surprends les traces d'une terreur profonde. J'impose aussitôt silence au chef de nos guides, qui commençait à raconter, sans qu'on l'en eût prié, je ne sais quelle lamentable histoire d'un voyageur entraîné quelques jours auparavant au fond d'un précipice pareil à celui que nous cotoyons, d'où on l'avait retiré à grand peine sanglant et mutilé.

Nous montons toujours et déjà nous apercevons le glacier des Bois qui n'est autre chose que la continuation, ou plutôt, la fin de la mer de glace. Nous pouvons même facilement distinguer, creusée à sa base, l'énorme voûte demi-circulaire, d'où s'échappent en bouillonnant les eaux de la rivière de l'Arveyron qui prend sa source au cœur même du glacier, et va, à quelques pas de là, réunir ses eaux à celles de l'Arve.

Un cri joyeux a retenti et l'écho de la montagne l'a porté au loin dans la vallée; ce sont nos guides qui saluent de leurs hourrahs bruyants notre heureuse arrivée sur le Montanvert. Voilà devant nous les trois aiguilles du midi, celle du Dru, celle du

Bochard, et là-bas, à l'extrémité de la mer de glace qui commence à dérouler sous nos pieds ses masses effrayantes, celle du Couvercle, si fine, si délicate et si légère, qu'on la dirait sculptée au ciseau.

On conçoit certes bien que tant de voyageurs aient reculé devant la description d'une aussi grande et aussi épouvantable chose : c'est qu'ici tout s'empreint de je ne sais quelle magnificence sauvage, dont l'aspect vous remue profondément et vous laisse sans force et sans voix. Devant vous, derrière vous, partout, des rochers, dont les hautes cimes couvertes de neige ajoutent encore à la sombre horreur du paysage. Sous vos pieds la vallée, dont vous n'apercevez encore que la partie inférieure, offre à vos regards épouvantés, sur une longueur de près de deux lieues, une masse compacte de glace dont nul homme n'a jamais pu sonder l'épaisseur. Sur cette surface que l'on croirait devoir être si calme et si unie, l'œil peut suivre les ondulations d'une mer en fureur. On dirait des vagues énormes poussées par le courant et subitement arrêtées et condamnées à l'état d'immobilité éternelle, au moment où arrivées sur les bords de l'abîme elles vont se précipiter entraînant après elles la dévastation et la mort. Rien ne trouble le silence qui règne au milieu de cette nature désolée, si ce n'est quelquefois seulement le cri perçant de l'aigle qui, parti des sommets du Mont-Blanc, fuit à tire d'aile au-dessus de votre tête, ou le rocher qui se détache et roule avec un bruit affreux que la montagne répète en échos prolongés.

Nous n'aurions été satisfaits qu'à demi, si nous nous étions bornés à voir de loin la mer de glace. La prudence l'eût voulu ainsi, mais le moyen d'être prudent lorsqu'on est curieux et qu'on se sent sûr de soi. Nous voilà donc tous armés de nos bâtons ferrés et descendant l'étroit sentier qui, de la maison du Montanvert, conduit à la mer de glace.

Nous l'avons traversée en entier, et sauf deux ou trois chutes qui n'ont eu d'autre résultat que d'exciter l'hilarité commune, nous pouvons nous vanter d'avoir lestement fait un trajet qui offre cependant des dangers extrêmement sérieux ; car dans certaines parties la glace s'est séparée en deux, et cet intervalle souvent large et toujours profond qu'il faut franchir, n'est pas sans péril: Un faux pas est bientôt fait, et Dieu sait quelle mort affreuse est réservée au malheureux qui tombe dans ces effrayants abîmes!...

Nos guides étaient tout émerveillés de notre audace et de notre adresse, mais c'est surtout à nos dames que s'adressaient de préférence leurs chaleureuses félicitations. Ils n'en revenaient pas, tellement la chose leur paraissait extraordinaire. C'est peut-être le cas de le dire ici, ces femmes du monde, de Paris, qu'on se représente dans nos villes de province comme étant si délicates, si difficiles, si exigeantes, si craintives, ne sont le plus souvent rien moins que tout cela. Elles savent au besoin s'accommoder gaîment de toute chose. La vie de voyage leur plaît, elles en aiment le mouvement et les incidents souvent si plaisants et toujours si variés.

Du salon où je m'étais retiré pour feuilleter tout à l'aise le registre ouvert aux voyageurs qui viennent chaque année visiter la mer de glace, je les entendais encore discourir à ce sujet. Et à propos de ce registre, savez-vous ce que j'y ai trouvé?..... Pas un nom connu, pas une pensée forte et originale ; mais en revanche des centaines de ces signatures d'Anglais, écrites de cette écriture calligraphique que l'on reconnaît entre mille, et épars çà et là, quelques méchants vers qui ne méritent pas l'honneur d'être répétés. Voilà cependant ce qu'a produit la vue d'une aussi imposante chose que la mer de glace !.... Le maître de l'hôtel, car il faut que vous appreniez aussi qu'il y a sur le sommet du Montanvert un excellent hôtel où l'on trouve les vins de nos crûs les plus renommés, et, ce qui vaut mille fois mieux, à mon avis, du lait et du miel délicieux, a insisté pour avoir mon nom hélas ! bien inconnu, sur son registre. Je me suis borné à écrire sur la page blanche qu'il m'a indiquée, ces mots dont la simplicité exclut toute

idée de prétention : « Il est de ces impressions tel-
« lement profondes et surtout si vivement senties
« qu'il faut renoncer à les exprimer. Au Montan-
« vert, ce 16 août 1839. »

— Il doit bien vous tarder de quitter un aussi horrible pays?...Disais je en revenant à Chamouny, à Pierre Coutet, notre principal guide.

— Une seule fois cette pensée s'est offerte à moi, se hâta-t-il de me répondre, car, tel que vous me voyez, je suis demeuré à Paris pendant quatre années, j'y faisais même assez bien mes affaires; mais un jour le regret me prit si fort qu'il me fallut partir. J'y serais mort, mon bon monsieur.

— Vous êtes donc bien heureux ici?

— Heureux?... non, mais je suis dans mon pays et j'ai ma vieille mère auprès de moi. C'est si doux de vivre dans son pays, à côté de celle qui nous a donné le jour!....

— Si l'on vous offrait une condition meilleure, si l'on vous disait : « Tu seras riche ailleurs. » Que feriez-vous?...

— Ce que je ferais ?. . me répondit-il vivement, en essuyant du revers de la main une grosse larme qui coulait silencieuse le long de sa joue, je ne quitterais ni ma vieille mère ni mon pays.

Et voilà comment ils sont tous. Jeunes, ils vont au loin chercher les moyens d'existence qu'une terre désolée refuse à leur travail, et quand ils les ont trouvés, ils reviennent heureux et contents finir leurs jours sous le toit hospitalier qui les a vus naître. Eux aussi, ils sont comme les Suisses, ils prennent *le heimveh*, ce mal du pays qu'on ne peut guérir que par le retour dans la patrie.

Ne vous étonnez pas si l'amour de la patrie est si vif chez les montagnards en général. *Les pays de montagne*, ainsi que l'a si judicieusement dit et si heureusement exprimé un de nos auteurs nouveaux les plus distingués, *forment une patrie accidentée, pittoresque, dont l'image sculptée d'une manière saisissante dans le souvenir, s'attache au cœur et ne le quitte jamais plus.* C'est sur le penchant de la colline, le clocher de la vieille église où enfant, notre bonne mère nous menait prier devant la madone ; dans la vallée, au milieu des prairies, ce sont les grands arbres à l'ombre épaisse desquels nous venions jouer au sortir de l'école ; sur la montagne, c'est le grand rocher que nous gravissions en silence et d'un pied craintif, pour aller ravir à l'oiseau de proie sa jeune couvée.

GENÈVE

ET LES BORDS DU LÉMAN.

GENÈVE.

GENÈVE

ET LES BORDS DU LÉMAN.

es nuages qui enveloppent la montagne depuis ce matin descendent lentement dans la vallée; il est huit heures, et le tonnerre commence à gronder du côté de Cormayeur. Le temps est à l'orage, et un orage au pied du Mont-Blanc, au milieu de cette nature

sombre et désolée, doit être une grande et admirable chose.

Si je l'osais, j'irais bien vite contremander les préparatifs de notre départ; mais ces dames se sont prononcées, elles ont promis de se trouver à Genève ce soir, et sans doute elles auraient le courage de me laisser seul, si je ne me décidais pas à partir avec elles. Je n'ai cependant pas voulu me rendre, sans essayer au moins de combattre. J'ai tout d'abord parlé de mon vif désir de passer encore cette journée à Chamouny : peines perdues. Alors, en désespoir de cause, j'ai fait un appel à l'imagination si gracieuse et si vive de mes aimables compagnes de voyage; je leur ai montré le ciel en feu, et l'orage éclatant avec fureur dans la vallée, l'Arve rompant tout-à-coup ses digues et inondant la campagne, les ruisseaux changés en torrents et entraînant après eux, dans leur course vagabonde et précipitée, les arbres et les rochers, et au milieu de ces scènes d'épouvante et de deuil, le sourd mugissement de la tempête mêlé au bruit éclatant du tonnerre. Tout a été inutile. Cette fois la prose l'a emporté sur la poésie, il a fallu partir.

Je mentirais si je n'avouais pas que cette contrariété, — car c'en était une, et bien grande encore, — m'avait mis de fort mauvaise humeur. Je fus maussade, oh! mais horriblement maussade jusqu'à notre retour à Sallanches. Mais comment résister longtemps aux entraînements d'une conversation pétillante d'esprit et de verve, comment ne pas être touché de ces attentions fines et délicates, de ces petites façons pleines d'une douce malice et d'une exquise bonté, que les femmes d'un certain monde savent employer avec tant d'heureux et charmant à-propos, lorsqu'elles veulent nous faire oublier les peines que, dans un moment de caprice, elles nous ont quelquefois causées? Oh! les femmes, les femmes....... Je n'ai jamais su, pour ma part, me soustraire à l'influence de leurs adorables câlineries. Il est vrai de dire que j'ai toujours été à leur égard, d'une faiblesse désespérante. Insensiblement et presque sans m'en douter, la gaîté de ces dames m'avait gagné, et c'est de fort bonne grâce que je disais le soir en soupant avec elles, à Genève :

— Décidément il vaut mieux être ici qu'à Chamouny.

Puisque j'ai les deux pieds dans l'Hôtel de la Couronne, je n'en sortirai pas sans vous dire comment on y vit et comment on s'y trouve. Sais-je bien d'ailleurs, si j'aurai le temps demain de vous donner ces menus détails d'intérieur?

Cet hôtel, le premier de Genève, selon moi, n'affiche pas extérieurement les prétentions aristocratiques de son orgueilleux confrère de la rive opposée, l'Hôtel des Bergues. Il est moins grand, mais en revanche, voyez comme tout y est confortable et élégant, comme le bien-être y est savamment entendu, et avec quelle intelligence et quelle merveilleuse rapidité le service y est fait! Bien qu'un pareil aveu coûte nécessairement un peu à l'amour propre national, je suis forcé de convenir que nous n'avons pas en France, excepté à Paris cependant, d'hôtels qui puissent lui être avantageusement comparés. Et ne croyez pas au moins que ce soit le seul. Dans tous les hôtels des villes de la Suisse, au luxe près qui ne saurait être égal partout, vous trouverez la même propreté, les mêmes soins, les mêmes égards, les mêmes prévenances, le même accueil cordial et empressé.

Les heures fixées pour le dîner, le seul repas vraiment sérieux que l'on fasse en voyage, me semblent choisies de manière à satisfaire à toutes les exigences. La table est constamment servie avec une profusion recherchée. J'engage cependant les gourmands à préférer le dîner de cinq heures. Le *Keller* qui me voulait, et pour cause, quelque bien, m'avait conseillé de ne venir dîner qu'à cette heure. Pendant mon séjour à Genève, j'ai suivi constamment ce conseil, et je n'ai pas eu lieu d'en être mécontent. C'est à ce repas que sont servies sur la table ces truites du Léman déjà réputées du temps de Grégoire de Tours, magnifiques et substantielles truites saumonées auxquelles je préfère encore les fines et délicates petites truites non saumonées qu'on pêche en si grande abondance, avec le secours seul de la main, dans les eaux vives des torrents et des ruisseaux de notre ancien Vivarais. *Sobre los gustos no hai disputa*, dit judicieusement le proverbe espagnol. Chacun est affecté à sa manière, et, comme le fait très-bien observer l'ingénieux et spirituel auteur de la *Physiologie du goût*, Brillat-Savarin, de succulente mémoire : *ces sensations fugitives ne peuvent s'exprimer par aucun caractère connu, et il n'y a pas d'échelle pour estimer si un cabillaud, une sole ou un turbot, valent mieux qu'une truite saumonée, un brochet de haut bord, ou même une tanche de six ou sept livres.*

Une chose qui m'a charmé tout d'abord, c'est la bonne mine et l'excellente tenue des domestiques qui servent à table. On dirait, à les voir, des laquais de grande maison. Seulement ils sont doux, polis, prévenants et attentifs, qualités que l'on rencontre assez rarement réunies chez messieurs de l'antichambre des nobles hôtels, valets dégénérés qui ne ressemblent plus à ces petits prodiges d'esprit, d'intrigue et de malice que nous firent Molière et Regnard, ni à ces vertueux modèles de fidélité et de désintéressement qu'enfanta l'imagination complaisante de Destouches et de La Chaussée. Leur costume est simple et uniforme : habit, pantalon et gilet noirs, cravate d'une *entière blancheur*, comme dirait un vieil auteur d'opéra comique.

Le service se fait sans bruit et avec une admirable précision. Au fur et à mesure que les plats paraissent sur la table, ils sont enlevés et remis au keller, espèce de majordome ou d'intendant, dont tout le rôle consiste à découper les viandes et à diriger le service. Cette opération préliminaire achevée, les domestiques s'emparent des plats sur les rebords desquels les viandes sont disposées dépécées en morceaux, et les présentent successivement à chacun des convives. Cet usage que tous nos maîtres d'hôtel feraient bien d'adopter, offre de nombreux avantages et prévient de nombreux inconvénients. Vous qui vous êtes assis aux tables d'hôte de notre chère patrie, vous savez comment les choses s'y passent ordinairement, quand les commis voyageurs surtout, ce qui arrive malheureusement beaucoup trop souvent, s'y trouvent en majorité. C'est une vraie mêlée à laquelle un homme de bonne compagnie ne peut pas décemment prendre part. Je me souviens de m'être, un jour à Avignon, à l'hôtel du Palais royal, levé de table sans avoir pu *attraper*, c'est le mot, autre chose qu'un potage.

Sept heures viennent de sonner et de nouveaux convives arrivent pour nous remplacer. Je me dispose à sortir, lorsqu'un domestique s'approche de moi pour me prier d'écrire le nom de ces dames et le mien sur *le registre d'arrivée*. Je prends l'énorme in-folio qu'il me présente, et je l'emporte avec moi pour l'examiner à loisir. Je suis de ma nature assez curieux, défaut, — si toutefois cela en est un bien grand, — que je partage, avec la plus belle et la plus aimable moitié de l'espèce humaine, et je ne sais quel pressentiment secret me dit que je dois trouver dans ces pages tachées d'encre et salies par le contact de tant de mains, plus d'un nom de connaissance.

Je l'ouvre, et à la onzième page je lis : « Mon-
« sieur le comte de.... et madame la comtesse de
« ...., partis de Paris le .... arrivés à Genève le ....
« partis pour Berne le .... ».

— Tiens? dit une de ces dames, je ne savais pas que le comte fût marié. Est-ce que par hasard ce pauvre marquis aurait rendu l'âme?

— Vous plaisantez sans doute? le marquis mort? .... *en tant que mari*, c'est possible, c'est même probable; mais *en tant qu'homme*, il se porte aussi bien que vous et moi.

Le fait est historique, et puis, bons et crédules

époux, vous laisserez, sous je ne sais quel vain prétexte de maladie, vos femmes courir le monde toutes seules, et vous apprendrez ensuite qu'elles ont rencontré par *hasard* leur amant en route, et qu'elles ont voyagé avec lui sous son nom.

Ah! marquis, le tour est excellent, et bien que j'aie l'honneur d'être quelque peu de vos amis, il m'est impossible de ne pas rire de votre confiance et de votre fâcheuse déconvenue. Mais je vous connais; vous êtes homme du monde et homme d'esprit tout-à-la-fois, et vous prendrez, je n'en doute pas, sinon gaîment, du moins résolument votre parti.

Cette découverte m'a mis en goût de recherches, et je parcours du regard avec plus d'ardeur et plus d'attention encore les feuillets du registre, lorsqu'au moment de le fermer pour le rendre au domestique qui me l'a confié, j'entrevois au fond d'une page, tracé en caractères microscopiques et presque illisibles, un nom que je ne saurais reproduire ici sans colère et sans dégoût. C'est que la femme odieuse qui le porte est la cause de la mort violente du meilleur de mes amis. Sans elle, sans l'amour qu'elle lui avait inspiré, amour fatal qui a eu pour lui des suites si funestes, mon ami serait encore plein de vie, de jeunesse et d'espérance, et nous n'aurions pas, nous tous qui l'aimions si tendrement, tant de larmes à verser sur sa tombe si prématurément ouverte. Pauvre Ernest?... était-ce ainsi que tu devais mourir?....

UN CRUEL SOUVENIR.

« Que fais-tu donc là tout seul, depuis une
« heure, mon cher Ernest?.... les salons sont déjà
« remplis de monde, et la jolie Berthe de S... vient
« de remarquer tout haut ton absence. N'entends-
« tu pas l'orchestre avec ses fanfares joyeuses, ses
« sons cadencés, ses harmonies divines, qui sonne
« les galops de la danse et les entraînements de
« la valse rapide et échevelée?.... les quadrilles se

« forment, les fleurs commencent à s'effeuiller,
« les doux regards s'échangent, les mains se cher-
« chent et se rencontrent, le plaisir se lit dans tous
« les yeux, le sourire du bonheur s'épanouit sur
« toutes les lèvres, et les causeries à demi-voix, si
« douces et si pleines de volupté et de charme,
« murmurent des paroles d'amour. »

Ernest en proie à une violente agitation ne répondit pas.

« Comme tu es sombre ce soir! On dirait Wer-
« ther, le mélancolique amant de Charlotte, ou le
« sceptique Obermann, méditant des projets de
« suicide. Et cependant autour de nous tout est
« bruit, illusion et folie! l'aspect de la fête est
« éblouissant; c'est le monde aristocratique avec
« toutes ses grâces, toutes ses pompes, tous ses
« trésors de luxe, d'élégance et de beauté, et toutes
« ses splendides magnificences. Vois cette galerie
« à demi-cachée par des arbustes, aux longs
« rameaux verdoyants et fleuris; jamais poète,
« dans un moment de verve et d'inspiration, a-t-il

« eu de pensée plus gracieuse et plus fraîche que
« celle que révèle l'aspect de cette salle? Des fleurs
« et des amours, des jeux et des ris, du satin, du
« brocart et du velours ; et sous ce portique, aux
« cintres ornés de festons et de guirlandes, qui
« reposent si agréablement la vue, une fontaine
« dont les eaux jaillissantes se teignent au jeu des
« lumières des couleurs les plus vives et les plus
« brillantes. Laisse-là tes ennuis et livre-toi, comme
« nous, au bal et à son énivrante gaîté; nous som-
« mes encore trop jeunes pour songer sérieusement
« à mettre en panne notre navire au milieu des
« eaux tranquilles et reposées de la vie matérielle
« et positive ; et le chagrin d'un moment, quel-
« que violent qu'il soit, ne doit pas nous faire
« désespérer du bonheur de l'avenir. »

— « Le bonheur est un mot qui ne trouve plus
« d'écho dans mon âme; tout est fini pour moi,
« mon cher Ovide, le passé m'est odieux et le pré-
« sent ne m'apporte ni consolation ni espérance.
« Tu ne sais pas, toi, ce que c'est qu'une première

« trahison de femme, lorsque comme moi surtout
« on a aimé de toute la force et de toute la puis-
« sance de son âme. Comment se consoler de ce
« veuvage de cœur? Comment renoncer à ses sain-
« tes croyances? que faire de cet isolement? que
« devenir en cet abandon? et si la femme que
« l'on avait choisie entre toutes comme la meil-
« leure; que l'on avait parée de ce que l'imagina-
« tion la plus riante peut rêver de plus sédui-
« sant; à qui l'on avait juré amour et fidélité;
« que l'on entrevoyait dans un avenir peu lointain,
« comme la compagne promise au bonheur de sa
« vie, s'est montrée fausse et trompeuse; si elle
« est venue sans pudeur étaler en public un nou-
« vel amour, faire parade de ses nouvelles affec-
« tions, insulter aux douleurs qu'elle cause, rire
« des larmes secrètes qu'elle fait verser; si, pour
« excuser sa conduite envers vous, elle vous a fait
« infâme, que penser des autres?.... Comment se
« risquer de nouveau? comment essayer de re-
« nouer ces liens brisés? Un second amour est un

« sacrilége ou une duperie. Il est des blessures si
« profondes que le cœur cicatrise à peine dans
« toute la vie. Plus d'amour ; oh ! non, plus d'a-
« mour, après ce premier amour si indignement
« profané !

« Si tu savais les tourments que j'endure ? Ne
« jamais goûter un instant de repos, combattre un
« malheureux amour qui revient sans cesse ; livré
« à toutes les horreurs de la jalousie, épier furti-
« vement chacune de ses démarches ; voir dans
« chacune de ses paroles les indices de sa perfi-
« die ; pleurer les jours entiers, sourire quand le
« monde est là qui regarde et observe ; s'endormir
« un nom sur la bouche ; dans le sommeil, ne dire
« que ce nom ; oh ! crois-le bien, c'est une exis-
« tence contre laquelle une vie d'homme vient tôt
« ou tard se briser !....

« Je l'aimais, je l'aimais, mon ami, et malgré
« ses torts envers moi, malgré ce second amour
« dont je ne puis douter aujourd'hui, et qui me
« poursuit partout comme un souvenir brûlant, je

« l'aime encore et je n'ai pas le courage de la
« maudire. Si des jours malheureux se levaient sur
« elle, si l'adversité franchissait le seuil de son
« opulente demeure; si ce monde qui la flatte, et
« la caresse, s'éloignait d'elle; si elle demeurait
« seule dans la vie, en butte à la douleur et à l'ou-
« trage, je serais là pour lui tendre la main. Je
« lui dirais : oh! toi que j'ai tant aimée, toi qui
« dans mes songes m'apparaissais comme un ange
« de bonheur, toi qui étais de moitié dans ma vie,
« toi que je considérais comme ma seule et uni-
« que félicité dans ce monde, viens à moi, pauvre
« femme; je serai ton frère, ton protecteur, ton
« soutien, ton ami. Les années ont passé sur mes
« affections, sans rien leur enlever de leur fraî-
« cheur première; tu es toujours pour moi la
« femme des premiers jours; oh! viens, car dans
« ce cœur où tu règnes encore et que tu n'a pas
« su comprendre, il n'y a jamais eu de place pour
« la haine. »

Une jeune femme nonchalamment appuyée sur

le bras d'un homme, passa à côté de nous et entra dans la salle de bal.

— « Tu le vois ! toujours lui, malédiction !.... »

Un instant après nous entrions aussi dans la salle et nous venions nous mêler aux groupes joyeux des danseurs.

Au moment où nous paraissions, le bal était arrivé à son plus haut degré d'exaltation. C'était un *raout*, dans la brillante acception du mot.

Représentez-vous une suite non interrompue de salons éblouissants de dorures et de lumières ; et au milieu de toutes ces merveilles, une foule immense qui danse au bruit harmonieux d'un orchestre conduit et dirigé par Musard, ce *Napoléon* de la contredanse, suivant l'heureuse expression d'un spirituel feuilletonniste, et vous n'aurez encore qu'une faible idée de cette splendide fête offerte par lady Ham...... à l'élite de la haute fashion parisienne.

Le faubourg Saint-Germain était là avec ses grands noms demeurés pour la plupart noblement fidèles au culte vénéré du malheur. Au ton de bonne compagnie qui régnait, à cet atticisme de conversation qui accuse tant de délicate et exquise élégance, il était facile de s'apercevoir que les invités ne formaient presque qu'une seule et même famille.

Lady Ham...... faisait les honneurs de sa noble demeure avec une grâce charmante. Elle semblait heureuse et fière de ce monde qui l'entourait, et si elle pensa un moment aux bals d'Almak et de West-End, et aux thés dansants d'Aspley-House, ce ne fut certainement pas pour les regretter. Tous vantaient son hospitalité généreuse et magnifique, tous oubliaient auprès d'elle, elle si française par l'esprit et par le cœur, cette haine pour sa nation qui est devenue populaire parmi nous, depuis les honteux traités de Dubois, cette éminence avinée, l'amie de la Parabère et de la Fillon.

Ernest, malgré ce bruit et cet énivrement, demeurait triste et pensif accoudé sur le marbre de la cheminée. Quelqu'un qui l'aurait observé eût vu une larme rouler dans ses yeux. Puis, comme saisi d'une inspiration soudaine, son visage ordinairement pâle se colora d'une vive rougeur, et son front que les chagrins commençaient à déprimer rayonna d'une joie nouvelle.

Etait-ce un souvenir heureux qui venait effleurer son âme, et, pareille à une brise caressante, raffraîchir son imagination exaltée par la douleur? Etait-ce un pressentiment? qui sait? il est en notre âme de ces pensées confuses qui restent à jamais un mystère entre le ciel et nous. Il se jeta tête baissée au milieu du bal, et le tourbillon l'emporta dans ses innombrables et joyeux replis.

Jamais nous ne l'avions vu si gai, jamais son esprit ne nous avait frappés par d'aussi heureuses et aussi abondantes saillies. C'était l'homme des anciens jours qui renaissait avec sa verve intarissable, sa grâce coquette qui n'appartenait qu'à lui, et cette causticité de bon ton qui exclut sévèrement la méchanceté, mais qui admet assez volontiers un peu de malice et surtout beaucoup de fine raillerie.

Peu de jeunes gens possédaient aussi bien qu'Ernest de M*** le sentiment des convenances; peu d'hommes avaient les formes aussi douces et aussi distinguées, et nul n'avait plus que lui le secret de cet esprit de salon qui consiste à saisir des rapports agréables, et à présenter les sujets les plus simples sous les couleurs les plus séduisantes et les plus aimables. Personne ne racontait mieux que lui. Andrieux, cet admirable vieillard dont la conversation étincelait de vivacité et de grâce, se serait peut-être surpris à l'écouter avec plaisir. Rien ne lui était étranger. La mode même, dont les femmes seules comprennent et expliquent si bien les bizarres caprices, trouvait en lui un critique éclairé et un appréciateur plein de discernement et de goût. Je me souviens de l'avoir, un soir, entendu discuter au milieu d'un cercle de jeunes et jolies femmes, sur la coupe d'une robe où la célèbre Victorine avait, disait-on, mis tout son savoir-faire, avec tant d'entraînement et une connaissance si approfondie de la matière, que j'aurais été tenté de le blâmer de gaspiller au service d'une cause aussi futile un si beau talent de discussion, si je n'avais pas su que, chez Ernest, l'enveloppe extérieure était seule frivole, et que retiré chez lui, loin du monde sous les yeux duquel il venait de se montrer si peu sérieux, tranchons le mot, si léger, il consacrait les labeurs de ses longues veilles à des travaux historiques et littéraires, dont l'étendue annonçait autant d'érudition que de graves et hautes pensées.

On aimait Ernest sans le connaître, et l'on se sentait involontairement entraîné vers lui. C'est qu'aux qualités de l'esprit qui rendent un homme écouté et envié dans un salon, il joignait les avantages solides d'un cœur bon, généreux et affectueux jusqu'au dévouement le plus absolu.

Le bal semblait tirer vers sa fin, et cependant l'orchestre éclatait toujours en notes vibrantes et sonores. Il ne restait plus dans les salons que ce petit nombre de personnes qui prennent au sérieux une invitation de bal, et qui pensent, non sans raison, que ce n'est pas danser que de jouer au whist, à la bouillote ou à l'écarté. Pour ces gens là, comme pour ceux qui observent ou recherchent des émotions, le bal n'est agréable qu'à quatre heures du matin, alors que la foule des désœuvrés et des curieux a disparu, que la pâleur et l'abattement se lisent sur les plus jolies figures, que les fleurs, si fraîches il y a quelques heures, se penchent le long de leurs tiges fanées, alors que l'éclat indécis et tremblant des bougies se perd dans les naissantes lueurs du jour.

Ernest voulait revoir celle dont l'abandon lui causait tant de douleur. Deux fois il l'avait aperçue emportée au bras de son danseur ; mais la foule était si compacte, que malgré ses efforts répétés il lui avait été impossible de s'approcher d'elle.

Il s'était assis à l'écart, guettant de l'œil et appelant de tous ses vœux une occasion favorable, lorsque le hasard, qu'on a eu tant de raison d'appeler *la providence des amoureux*, lui ménagea l'entrevue qu'il désirait et qu'il n'osait maintenant plus espérer. La baronne de... (vous me permettrez de ne pas la désigner même par des initiales, par respect pour la famille honorable à laquelle elle appartient) qui fuyait, sans doute, pour un moment les émotions et les fatigues du bal, vint quelques instants après prendre place à côté de lui. L'avait-elle aperçu, ou bien ignorait-elle qu'il fût si près?... C'est un secret que nul de nous n'a pu pénétrer.

Ernest voulait d'abord s'éloigner, il avait tant à se plaindre de cette femme! mais ce premier mouvement, inspiré par le ressentiment de l'outrage, fut rapide comme l'éclair. Elle était là, il la voyait, il la touchait presque, il allait l'entendre, et un seul regard lui fit tout oublier. Dans ce moment elle lui apparut comme aux beaux jours où il l'avait rencontrée pour la première fois, pure alors de ce second amour qui aujourd'hui était une tache dans sa vie. Elle n'avait qu'un mot à dire et elle ressaisissait son empire et le ramenait à ses pieds.

Pauvres jeunes gens! notre cœur est ainsi fait. Souvent nous dédaignons la femme douce, sensible, aimante et dévouée, qui apporterait tant de charme et tant de bonheur dans notre vie si nous voulions la comprendre et l'aimer seulement un peu, pour nous attacher au char d'une coquette qui ne considère l'amour que comme un jouet qu'elle brise selon son caprice et sa bonne ou mauvaise humeur.

— « Madame la baronne paraît fatiguée, » dit Ernest à sa voisine; phrase banale que l'homme d'esprit et le sot emploient souvent également dans un bal, pour engager la conversation.

— « Oui monsieur, » répondit-elle sèchement.

Cette brève réponse retentit douloureusement au cœur d'Ernest.

— C'est s'y prendre un peu tard, sans doute, pour faire une invitation; mais madame la baronne est trop polie pour refuser la mienne. Serai-je assez heureux pour qu'elle veuille bien me faire l'honneur de danser avec moi?

Ces quelques paroles furent prononcées avec un calme et une assurance qui la déconcertèrent.

— Mais..... je ne sais si je puis m'engager.......
d'ailleurs, monsieur, ne pensez-vous pas avec moi
que l'heure est déjà bien avancée?

— Dois-je prendre cette réponse pour un refus
déguisé?

Il se fit un moment de silence entre eux deux.

Puis la baronne regardant fixement Ernest, répondit à demi voix.

— Non, j'accepte.

— Dans ce cas là, vous me permettrez de vous
offrir la main, car la contredanse va commencer.

— Je vous demande pardon, dit tout-à-coup un
troisième interlocuteur ; mais madame avait déjà
contracté des engagements envers moi, et sa mémoire est trop fidèle pour ne pas le lui rappeler.

— Monsieur le marquis de B.... se trompe, sans
doute, répondit froidement Ernest ; j'ai la promesse
formelle de madame, et nulle puissance au monde
ne m'y fera renoncer.

— Je suis homme d'honneur, monsieur, et lorsque j'affirme, je dois être cru.

— J'ai la même prétention que vous et j'affirme aussi.

Toute autre femme que la baronne...... se fût abstenue de danser, afin d'éviter un conflit fâcheux entre des gens de cœur ; la prudence d'accord avec la convenance le voulaient ainsi. Mais Ernest était l'amant d'autrefois et le marquis possédait les sympathies nouvelles.

— Je vous dois des excuses pour mon oubli, monsieur de B...., il est vraiment impardonnable ; mais indiquez-moi le moyen de le réparer, et quel qu'il soit, soyez assuré d'avance que je l'accepte.

— Je n'en connais qu'un seul, répondit galamment le marquis.

— Lequel ?

— Votre main.

— La voilà.

Et en disant cela, elle se leva et suivit le marquis de B.... l'affront était sanglant.

— Un mot, un seul mot, et puis vous irez danser. Je ne demande pas compte à madame, — et peut-être en aurais-je le droit, — de ses nouvelles affections. Le monde excuse souvent une première faiblesse ; c'est le sentiment le plus pur qui nous y pousse, c'est le cœur seul qui nous y conduit. Mais qu'elle le sache bien, il réserve son mépris tout entier pour la femme qui foule aux pieds ses serments, et qui vient, le sourire sur les lèvres et sans rougeur sur le front, promener en public le scandale de ses secondes amours. Point de pardon pour cette femme : elle n'en mérite aucun.

Vous, monsieur, vous me disiez, il n'y a qu'un instant, je suis homme d'honneur ; je vous crois. Qu'exigeriez-vous de celui qui se serait fait le complice de cette femme pour vous jeter l'outrage à la figure ?....

— Monsieur !....

— Ah ! vous me comprenez enfin, c'est bien heureux. Point de trêve ni de merci, l'entendez-vous ?....

— Vos armes !

— Le pistolet.

— Votre heure ?

— Onze heures du matin.

— Le lieu?

— Le bois de Boulogne.

Et la baronne, que faisait-elle dans cet affreux moment! Sa figure ne trahissait aucune émotion. Le drame qui s'agitait autour d'elle, et qui devait avoir dans quelques heures un dénouement si terrible, la laissait calme et indifférente. Sans doute qu'elle songeait à un troisième amour : qui sait même si, au fond de l'âme, elle ne souriait pas à l'idée de voir ses deux amants, l'ancien et le nouveau, expirer ensemble sous le même coup.

L'altercation avait été vive et avait duré assez de temps pour attirer beaucoup de monde. Le cercle s'était étendu autour d'eux; mais l'émotion excitée par cet incident fut bien vite oubliée. Le bal était là qui convoquait à un galop général, par les cent voix de son orchestre retentissant, tout ce qu'il y avait encore de danseurs et de danseuses dans les salons, et la foule se perdit en tourbillonnant dans les joies délirantes et folles d'une ronde finale.

Ne vous est-il jamais arrivé, en vous promenant sur la falaise qui surplombe le lac à la surface tranquille et argentée, de laisser tomber une pierre au milieu de son eau fraîche et limpide. L'eau n'en est pas troublée, l'orage seul peut ternir sa pureté. Suivez de l'œil les effets qu'elle produit : d'abord, l'eau s'entr'ouvre pour donner passage à la pierre ; de petites vagues se forment à l'entour, elles élargissent le cercle qu'elles décrivent, puis elles disparaissent et vont se perdre au loin dans l'écume des bords.

Ce qui arriva à la suite de ces événements, vous le pressentez. Une rencontre eut lieu quelques heures après, au bois de Boulogne, entre Ernest de M.... et le marquis de B..... L'insulte avait été trop directe, trop personnelle, trop publique surtout, pour que les témoins de ce duel, devenu inévitable, pussent sérieusement songer à proposer aux deux combattants un cartel d'accommodement. L'affaire eut donc son cours ; et mon malheureux ami atteint en pleine poitrine par la balle du pistolet du marquis de B....., mourut quelques instants après, en prononçant le nom de la baronne de..... Même à l'heure de sa mort, le souvenir de cette femme si peu digne de son amour le poursuivait encore ; son image confuse venait flottante et décolorée animer son dernier rêve.

1.

Je ne sais pas si vous êtes comme moi, mais en voyage je me livre assez volontiers au caprice et à l'inspiration du moment. Il y a dans une pareille façon de procéder quelque chose d'original et d'imprévu qui m'a toujours beaucoup séduit. Ne sont-ils pas ridicules et parfaitement ennuyeux ces voyageurs méthodiques et compassés qui, aussitôt après être arrivés dans une ville, arrêtent heure par heure l'emploi de leur journée, et notent ainsi à l'avance les lieux qu'ils veulent visiter et la somme d'émotion qu'ils doivent éprouver. Comme je n'ai pas la moindre envie de déroger à mes vieilles habitudes pour suivre un pareil exemple, je m'aventure dans les rues de Genève sans autre guide que mon inspiration. Voyez si elle m'a bien servi? A peine ai-je fait vingt pas dans la rue que je me trouve sur le quai du Rhône, en face du pont des Bergues. En un clin d'œil j'ai franchi l'espace qui me sépare de l'autre rive, et j'arrive, devinez où?.... dans une petite île délicieuse jetée, ou ne s'explique trop comment, entre le lac qui finit et le Rhône qui commence.

Vous ne vous attendez pas, j'espère, à ce que je vienne paraphraser ici le joli mot du spirituel marquis de Boufflers qui disait en parlant du Léman, cette belle masse d'eau qui n'a pas moins de dix-neuf lieues de longueur, sur une largeur proportionnée, que *l'Océan avait fait cadeau de son portrait en miniature à la ville de Genève.*

Ce serait faire preuve de bien peu de tact et de bien peu de goût, que de vous donner une nouvelle description du Léman. Après toutes celles que vous avez lues ou entendues, la mienne ne pourrait être que superflue. Le Léman, vous le savez, est et sera toujours une des choses les plus magnifiques qui soient au monde. Ce qu'il faut voir et ce que la plume la plus chaude et la plus colorée ne saurait décrire, c'est les merveilles et les enchantements de ses rives, ces villes et ces villages où tout respire le calme, l'aisance et le bonheur; ces milliers de nacelles aux flottantes banderolles qui sillonnent dans tous les sens ses eaux si fraîches et si transparentes qu'elles refléchissent dans leurs détails variés et infinis le feuillage tremblant des arbres qui croissent sur leurs bords, et ces élégantes et somptueuses villas, demeures chéries de l'opulence voyageuse, cachées comme des nids d'oiseau au milieu de la verdure et des fleurs.

C'est une idée charmante que celle qui a inspiré

les Genevois, lorsqu'il ont consacré au souvenir de Rousseau, cette île retirée au pied de laquelle les bruits du monde viennent expirer mêlés et confondus avec le murmure monotone et régulier des flots qui caressent ses rives. La statue en bronze du célèbre écrivain occupe la partie de l'île qui fait face à la ville. Dans cette œuvre sculpturale, une des meilleures sans contredit que le ciseau de Pradier ait produites, on trouve réunies à un haut degré les qualités éminentes de ce sculpteur. L'attitude méditative donnée par l'artiste à son modèle, me semble aussi heureusement choisie qu'admirablement rendue. La figure de Rousseau est pleine d'expression. Un livre est ouvert sur ses genoux, et sa main presse la plume qui écrivit les pages de l'*Emile* et de *La nouvelle Héloïse*, cette peinture brûlante des joies et des tourments de l'amour.

Cette consécration vivante à tous les yeux du souvenir de Rousseau fournirait à un écrivain plus sérieux et plus observateur que moi, un texte inépuisable de digressions philosophiques et de rapprochements curieux et piquants. N'est-il pas, en effet, au moins singulier dans une ville comme Genève, où l'élément protestant non seulement domine mais absorbe presque en entier la population, de voir érigée en culte public presque idolâtrique, la mémoire d'un homme qui eut du génie sans doute, mais dont la conduite fut malheureusement trop souvent si peu digne d'un homme de cœur et d'un homme de bien. Ah! messieurs les sectateurs de Luther et de Calvin, vous haussez les épaules de pitié et vous nous traitez de païens lorsque vous nous voyez honorer les hommes dont l'église catholique a inscrit dans le livre d'or des élus le nom saint et justement vénéré, et vous voulez qu'à notre tour nous ne souriions pas en voyant les fêtes populaires qu'amène chaque année dans votre belle cité de Genève, le retour de l'anniversaire de la naissance de Rousseau. Qu'honorez-vous dans cet homme?... son génie, nous direz-vous? ..... Et nous, catholiques, savez-vous ce que nous honorons dans les saints, les grands hommes de notre église?... leurs vertus? Et puis ne sont-ils pas nos intercesseurs auprès de Dieu. N'est-ce pas eux qui plaident notre cause et qui obtiennent de son infinie miséricorde l'oubli de nos erreurs et le pardon de nos fautes?....

Le souvenir de Rousseau me rappelle que Genève revendique justement comme lui appartenant, d'autres enfants illustres aussi mais à des titres différents. Il n'existe peut-être pas une ville capitale qui, toute proportion gardée, ait autant produit de savants et d'hommes distingués que Genève et où les lumières et le goût des arts et des lettres soient aussi généralement répandus.

Voyez dans ces trois derniers siècles seulement, combien d'hommes célèbres elle a adoptés ou vus naître. Calvin, le second chef de la réforme religieuse au XVIme siècle; son disciple et son ami, Théodore de Bèze, l'orateur du colloque de Poissy; Burlamaqui, savant jurisconsulte et économiste estimé; les peintres Petitot et Arlaud, qui ont laissé, l'un et l'autre, des miniatures délicieuses, où la finesse du dessin le dispute à la douceur et à la vivacité du coloris; le philosophe Abauzit, dont le nom ne serait peut-être pas arrivé jusqu'à nous, sans le magnifique éloge qu'en a fait Rousseau dans une note de *La nouvelle Héloïse;* le brave Lefort, l'ami de Pierre-le-Grand, à qui il inspira ces nobles et généreuses idées qui changèrent la face de la Russie, et firent d'une nation sauvage et à peine connue, l'un des premiers peuples du monde civilisé; le créateur de l'anatomie pathologique, le médecin Bonnet, dont les travaux ont préparé la gloire de Morgagni; les naturalistes de Luc, Trembley et de Saussure, auxquels la science minéralogique doit de si grands progrès; enfin le père de l'auteur de *Corinne*, Jacques Necker, deux fois ministre du roi Louis XVI. La postérité n'oubliera point, qu'appelé à la direction des affaires à une époque où la pénurie du trésor, le discrédit des effets publics, l'exil du parlement, l'agitation des provinces, la disette des vivres, menaçaient déjà dans ses fondements l'existence de la société toute entière, il parvint à ramener l'ordre et la confiance, sans lesquels il ne saurait y avoir pour un pays, ni bonheur ni prospérité possibles, et à remplir les caisses de l'Etat, tout en réduisant, chose admirable! les charges si lourdes qui pesaient sur le peuple. Son nom demeurera éternellement attaché à l'abolition des deux impôts les plus justement odieux, l'impôt de la taille et celui de main morte.

Me voici décidément entré cette fois dans les beaux quartiers de la ville neuve. La rue du Rhône, avec ses nombreux hôtels, ses cafés resplendissants de dorures, ses magasins élégants, où la bijouterie et l'horlogerie, ces deux branches importantes de l'industrie genevoise, étalent à l'envi leurs produits si riches, si variés et si merveilleux, prépare admirablement le voyageur aux splendeurs de la rue de la Corraterie. C'est dans cette dernière rue que les hauts barons de l'aristocratie nouvelle, — l'aristocratie des écus, — ont fixé leur demeure. Ce mot d'aristocratie sonne mal aux oreilles, dans une ville où l'égalité la plus absolue promène sur toutes les têtes son impitoyable niveau. Mais rassurez-vous ; la noblesse, — car il y a à Genève, là-haut, dans ces vastes hôtels qui entourent l'ancienne cathédrale de Saint-Pierre, des hommes que les traditions de famille rattachent au passé, — n'a conservé d'autre privilége que celui de représenter, dans leur élégance et leur distinction parfaites, le ton et les grandes manières d'une société dont il ne restera malheureusement bientôt plus qu'un vague et infidèle souvenir. Entre ces hommes d'autrefois et ces parvenus de la fortune, dont l'illustration née d'hier seulement a besoin de la consécration du temps, il n'existe, politiquement parlant, nulle ligne de démarcation. La loi est égale pour tons, et tous sont égaux devant elle.

A mesure que j'avance dans la rue de la Corraterie, la foule devient plus bruyante, plus compacte et plus animée. Serait-ce par hasard un commencement d'émeute ?........ J'aperçois, devant un magasin tout rempli de ces jolis petits objets en bois blanc, si délicatement sculptés par le couteau des pâtres des bords de l'Aar et de la vallée de Lanterbrounn, un gros homme à la face réjouie, qui fume tranquillement sa pipe en attendant les acheteurs, et j'apprends de lui que le musée Rath vient d'ouvrir, à deux pas de sa demeure, ses portes à l'empressement curieux du public. Il ne s'agit de rien moins que d'une exposition publique des produits de la peinture locale. Je n'ai garde de manquer une pareille occasion de voir de près les œuvres de l'école genevoise.

Que messieurs les exposants se rassurent : ma critique sera douce, indulgente et amicale. Pour bien juger en peinture, il faut tant savoir, tant avoir vu et observé; il faut être philosophe et artiste tout à la fois, Raphaël, Titien, Paul Véronèse, ou bien Reynolds ou David. D'ailleurs je n'ai point oublié ces temps heureux et déjà bien loin de moi, où artiste moi-même, je vivais au jour le jour, sans souci du lendemain, entre de vrais et aimables amis qui m'aimaient, que j'aimais bien vivement aussi, et qui tous, je le dis avec joie et orgueil, me sont restés invariablement fidèles. Et puis, ne faut-il pas venir un peu en aide à ces artistes du bon Dieu, qui exposent pour la première fois leurs œuvres au jugement du public. Oh! si l'on savait quelles journées de douleur et d'angoisse précèdent ce moment fatal qui va souvent décider de leur avenir, comme l'on serait bon et bienveillant pour eux!... La bienveillance est une vertu si douce et si charmante qu'on doit plaindre de toute son âme ceux qui ne savent pas, dans toutes les circonstances de la vie, la pratiquer généreusement envers leurs semblables. Si l'on pensait à ce que la plus mauvaise peinture d'une exposition a probablement coûté de fatigues, de veilles et de labeurs au malheureux qui n'a quelquefois mis au jour qu'une erreur, on ne la lui signalerait qu'avec hésitation et presque en tremblant. Peut-être la misère et la faim tristement assises à son foyer, ont trompé son inspiration, affaibli ses forces, brisé son courage, anéanti sa volonté. Que savons-nous des mystères de l'homme qui lutte péniblement contre l'adversité?... On peut faire quelquefois beaucoup de mal légèrement sans y réfléchir. La critique amère ou railleuse d'une mauvaise œuvre d'art, ferait peut-être couler des larmes solitaires que personne n'essuierait. Lequel de nous, artiste ou écrivain, peut savoir si demain il n'aura pas à son tour besoin de pitié?...... Qui peut nous dire que nous ne rencontrerons pas, dans notre province, dans notre ville natale même, parmi nos compatriotes, parmi ceux à qui nous tendions hier encore si franchement la main et que, pauvres niais que nous étions, nous nommions de si bon cœur nos amis, quelques-uns de ces hommes pervers qui, envieux du succès d'un tableau qu'ils n'ont pas su peindre, d'une statue dont ils n'ont pas su modeler les contours, ou d'un livre auquel ils n'ont pas su attacher leur nom, attaquent non pas l'œuvre qui n'a rien à redouter de leur sotte et ignorante critique, mais celui qui l'a créée, et dans leur jalousie haineuse, déversent sans pudeur sur lui toute leur bave impure et tout le fiel venimeux dont leur cœur est rempli. De pareils hommes ne sont malheureusement pas rares. C'est de leurs rangs qu'est parti le coup de sifflet qui a causé la mort d'Adolphe Nourrit, l'artiste incomparable qui, à une organisation musicale du premier ordre, à une voix délicieuse, pénétrante et sympathique, joignait l'ardente imagination d'un poète et les qualités d'un tragédien qui avait appris à la grande école de Talma, l'art difficile de remuer les cœurs par l'expression vraie des sentiments; c'est au milieu d'eux que s'est rencontré le misérable folliculaire dont la critique injuste et déloyale a conduit au tombeau avant l'heure l'élève chéri de David, le peintre Gros, l'immortel auteur des *pestiférés de Jaffa, de la bataille d'Eylau* et des fresques admirables de la coupole du Panthéon. Pour ces gens là, être immondes dont les hommes de cœur doivent repousser le contact avec horreur et dégoût, la plus grande des joies de ce monde est de pouvoir briser dans son germe un avenir d'artiste ou d'écrivain. Pour atteindre ce but ignoble rien ne leur coûte, pas même la calomnie. Votre réputation, votre honneur, choses saintes et sacrées auxquelles on ne doit toucher qu'avec une réserve et une délicatesse extrêmes, ils les livreront en pâture à la malignité publique ; inventeurs et échos odieux des bruits les plus absurdes et les plus outrageants, ils exagéreront à plaisir les erreurs et les étourderies de votre jeunesse, ils dénatureront vos intentions toujours si loyales et si pures, ils présenteront sous les couleurs les plus honteuses les faits les plus naturels et les plus simples, s'il le faut même, ils vous feront infâme. Ils ne savent donc pas que si nous étions aussi méchants qu'eux, — le ciel nous préserve jamais d'un semblable malheur ! — nous pourrions à notre tour exercer souvent de cruelles représailles. Qu'ils regardent autour d'eux, au sein même de leur famille, qu'ils descendent au fond de leur propre conscience, et ils y trouveront peut-être de tristes et bien douloureux sujets de méditation. Mais pourquoi nous étonner de ces attaques odieuses? Ne sommes nous pas nous tous qui tenons en main soit la palette du peintre, soit le ciseau du sculpteur, soit la plume de l'écrivain, comme le noyer dont parle le poète Ovide dans son livre *Les Tristes*, exposés aux coups de pierres des moindres passants?.... heureux, bien heureux encore, lorsque n'ayant pas de pierres à leur disposition ils ne nous jettent pas, ainsi que cela arrive trop souvent, de la boue à la figure. Gavarni a jadis crayonné quelque part un mendiant qui tend la main à une jolie femme : « âme sensible et charitable, dit le mendiant, « gardez-vous des méchants, et Dieu vous garde « des imbécilles. » Suivons le conseil et acceptons le vœu du mendiant de Gavarni. Gardons-nous des méchants, et que Dieu nous garde des imbécilles.

Vue dans son ensemble, l'exposition genevoise est satisfaisante sous tous les rapports. Il y a dans ces toiles symétriquement rangées les unes à la suite des autres, comme un reflet du caractère national. C'est de la peinture un peu froide et traitée avec une conscience que l'on serait quelquefois presque tenté de trouver trop timorée.

Le nom de M. Calame vient tout naturellement se placer le premier sous ma plume. Sa *vue de la Handeck, route du Grimsel;* et son *intérieur de forêt au soleil levant* surtout me paraissent tout-à-fait dignes de servir de pendants à ce ravissant tableau de genre, *un coup de vent,* qui obtint à l'exposition du Louvre de l'année dernière les éloges unanimes de la critique parisienne. Rien n'est mieux rendu dans son tableau, *intérieur de forêt au soleil levant,* que cette confusion harmonieuse, ce chaos luxuriant des bois, où les rayons, les feuilles, les branches, les herbes et les tendres verdures se marient au hasard pour former une vie intime et fécondante. Rien n'est exprimé et traduit avec une expression plus suave sur la toile que ce souffle animé, cette respiration heureuse de la jeune nature qui s'énivre de la lumière du soleil. Comme tout est frais! quel doux silence!

quelles molles nuances de feuillages. Cette forêt a je ne sais quoi d'enchanté; il y a dans ce singulier tableau je ne sais quel air de sorcellerie qui ravit.

Le talent de ce jeune paysagiste a grandi encore depuis lors. Il est devenu plus fin, plus preste et surtout plus original. Il me croira sans peine, si je lui avoue, que je suis désespéré de n'avoir pas les mêmes éloges à donner aux essais de gravure à l'eau forte qu'il a exposés sous le n° 28 du livret. Le burin a tremblé dans sa main, et c'est en vain qu'on y cherche la vie et la poésie qui règnent dans les eaux fortes dont Flaxman a décoré ou plutôt *illustré*, pour emprunter le mot nouvellement usité, les magnifiques éditions anglaises d'Homère, d'Hésiode, d'Eschyle et du Dante.

Après le maître, l'élève; c'est dans l'ordre. Parmi les cinq tableaux exposés par M. Diday, je n'ai pas eu de peine à remarquer *un torrent dans les hautes Alpes, et le soir dans la vallée; Oberland Bernois*. Ce dernier tableau est un vrai chef-d'œuvre que nos peintres paysagistes les plus distingués signeraient avec un plaisir extrême. Je n'excepte pas même Cabat, Edouard Bertin, Aligny ou Marilhat, le plus fin, le plus brillant et le plus aimé de nos peintres, dont une maladie cruelle a fait tomber des mains l'adroit pinceau à qui nous devons tant de petits chefs-d'œuvre d'un éclat si merveilleux et d'un charme si original et si singulier.

Je suis resté longtemps, oh! bien longtemps, devant cette toile dont les dimensions ne dépassent pas celles d'un tableau de chevalet. C'est qu'il y a dans la manière dont ce sujet si simple est rendu, je ne sais quoi de mélancolique et de doux qui vous force à rêver. Les ombres de la nuit commencent à envelopper la vallée et les rochers qui servent de premier plan au tableau, et là-bas dans le lointain, sur les montagnes couvertes de neige, le soleil éteint ses derniers rayons. Il y a dans cette œuvre, si éminemment distinguée, un peu de la poésie et de la grâce sévère du Poussin, et beaucoup de la délicatesse d'exécution et de cet amour vrai et minutieux dans les détails qui ont fait la fortune des tableaux de Claude Lorrain, de Ruysdaël et de Paul Potter. Mais pourquoi vous raconter et vous détailler ainsi le sujet et les qualités diverses d'un pareil tableau, lorsque malheureusement on n'a pas à sa disposition la riche et brillante palette du peintre ? Puis-je vous faire voir les ombres, les oppositions de couleur, les teintes heureuses ; puis-je surtout vous faire contempler l'exquise et admirable harmonie de l'œuvre ?

Je ne veux point oublier M. Guigou. Il y a certainement chez lui du talent et de l'avenir. Sa *vue du lac de Côme*, et surtout sa *scène d'inondation en Valais*, sont deux toiles qui méritent le succès qu'elles obtiennent non seulement auprès de la foule, mais auprès des véritables connaisseurs. Dans ce dernier tableau, qui porte le n° 58, la lumière est dispensée avec un art infini, et les effets de l'inondation sont rendus avec une vérité douloureuse et effrayante. Autour de vous se déploie un horizon cerclé de nuages épais et sombres, d'une couleur fauve et bistrée et que déchire la rafale. Là-bas, la pluie tombe à flots, on le sent; ses eaux s'agglomèrent et montent, on le voit. Le torrent descend furieux de la montagne et couvre de ses eaux le pays tout entier, emportant pêle-mêle avec les toitures en chaume, les instruments de travail, les objets mobiliers, les bestiaux morts et les créatures humaines qui se noient. Sur cette scène où la mort et la destruction planent, on ne saurait exprimer tout ce que le pinceau de M. Guigou a répandu de vérité saisissante et d'intérêt palpitant; on assiste à cette muette représentation comme à un drame animé dont l'illusion, — tant l'art exerce ici son souverain prestige, — étend et en quelque sorte réalise sous vos yeux les terribles épisodes.

Je n'en finirais pas si je voulais consacrer une mention particulière aux *cinquante-neuf* artistes qui ont envoyé des ouvrages à l'exposition de cette année. Cependant, avant d'arriver à M. Hornung par qui je finirai cette nomenclature, et afin surtout de ne pas être accusé du crime capital à mes yeux de lèze-galanterie, je donnerai un souvenir à quelques-unes des dames dont je trouve le nom sur le livret et les productions dans les salles d'exposition. A Mme V....... je dirai : votre Philippe Auguste est une belle et bonne étude historique dont les principaux détails sont traités avec un faire vigoureux et tout-à-fait *magistral*. Pourquoi seulement avez-vous ainsi drapé le vainqueur de Bouvines dans les plis flottants d'un manteau royal fleurdelysé?..... Il y a là un anachronisme dont mon puritanisme d'archéologue ne saurait s'accommoder. Les fleurs de lys, si je m'en souviens bien toutefois, n'ont paru sur les sceaux de France que sous Louis VIII; sur les monnaies que sous Louis X; sur les vêtements royaux que sous Charles V.

Je dirai encore à Mme la comtesse de Pichon-Longueville : votre *vue de Vevey et du fond du lac* se recommande par la fraîcheur du coloris et la grâce abondante des détails ; à Mme d'Albert-Durade et à MM^lles Fanny Hess et Emilie Reinhart ; vos fleurs sont charmantes, mais elles ne m'ont pas fait oublier celles de Van-Huysum, de Véenix et de Redouté. Cependant, comme il faut être juste avant tout, je dois déclarer que j'ai remarqué dans le tableau exposé par Mlle Emilie Reinhart quelques fleurs dont ces grands peintres du genre n'eussent point désavoué la paternité. Il y a surtout un pavot, boutons et fleurs que Morphée eût certainement envié et trois pervenches à la corolle languissamment penchée devant lesquelles Rousseau, qui avait une prédilection marquée pour ces douces et modestes fleurs, se fût volontiers mis à deux genoux.

C'est seulement comme portraitiste que j'apprécierai M. Hornung ; il ne m'en voudra donc pas, si je ne dis rien de sa *bataille de Morgaten* et de son ravissant tableau de genre, *visite de Farel à Calvin*.

Lessing a dit : « Le portrait c'est l'idéal de l'homme. » En effet la figure humaine est un livre hiéroglyphique où les initiés seuls savent lire. De là vient qu'il y a en peinture si peu de véritables portraits. Ce n'est pas de la ressemblance positive et matérielle dans les lignes de la figure qu'il faut exclusivement se préoccuper; il faut aussi par des accents infinis de couleur indiquer tous les petits tressaillements des fibres, et ce mouvement, cette chaleur de vie qui ondulent sous la peau. La couleur seule peut reproduire ces étonnants miracles.

Voyez tous nos grands portraitistes, le Titien, le Tintoret, le Vinci, le Carpaccio, Rubens, Van-Dyck, Rembrandt et Vélasquez, ils sont tous doués à un degré éminent du sens de la couleur.

Ce qui distingue la peinture de M. Hornung, c'est le dessin, le modelé, le coloris et par-dessus tout, la perfection trop minutieuse peut-être avec laquelle la nature matérielle est imitée. J'ai trouvé réunies toutes ces qualités dans les deux portraits qu'il a exposés sous les n°* 79 et 81. Vues de loin, ces deux têtes, de la ressemblance desquelles je ne puis pas me constituer le juge, puisque je n'ai l'honneur de connaître personnellement ni M. le professeur de Candolle, ni M. l'ancien syndic Vernet, offrent un aspect large et plein de noblesse. Examinées de près, l'œil peut observer non seulement les rides du visage, mais la texture si délicate de la peau. A quelle école appartient M. Hornung?.... Je l'ignore. Selon moi, il rappelle avec un égal bonheur Holbein, Rembrandt, Van-Dyck et Balthasar Denner.

Quant à la sculpture, elle est assez pauvrement représentée à cette exposition. Un seul buste de femme a attiré mon attention; il est vrai de dire qu'il est charmant. Pradier, le bel artiste grec, sous le ciseau merveilleux duquel le marbre palpite et revêt le grain de la peau et la fleur de l'épiderme, y eût volontiers attaché son nom. La tête est d'une grâce incisive et rare. C'est un petit front grec que des cheveux qui se déroulent en boucles ondoyantes encadrent d'une façon ravissante, puis un regard vif et voilé, un nez d'une arête fine et presque transparente, une bouche légèrement entr'ouverte, vrai nid d'amour qui appelle le baiser et où le sourire du bonheur s'épanouit, un menton gracieusement arrondi, un col frêle et souple, des épaules que le doigt de la jeunesse et des grâces a marquées de sa délicate empreinte, une gorge qu'on entrevoit à peine, mais qui laisse deviner une pureté de contours et de formes rivale de celle de la Tyndaride. Ce buste est d'une ressemblance frappante, et c'est l'éloge le plus flatteur que l'on puisse adresser à l'artiste qui a eu l'insigne bonheur de reproduire de pareils traits. Je connais l'original que j'ai eu l'occasion, je ne dis pas de voir, ce mot est trop froid pour exprimer complètement ma pensée, mais d'admirer deux fois dans les salons de M. Eynard, et la copie l'a vivement et fidèlement rappelé à mon souvenir.

Profitons de l'occasion pour vous parler aussi d'un magnifique vase en argent repoussé, que j'ai aperçu sur une étagère au fond de la première salle d'exposition. Ce vase, dont l'auteur n'est qu'un simple ouvrier, mais comme l'étaient les maîtres orfèvres de Florence, ouvrier non moins artiste que les meilleurs artistes, offre un heureux accord du goût et de la pensée. La composition en est harmonieuse et belle, le travail délicat et fini. Cela est dessiné, modelé, plané, repoussé, ciselé, monté avec une merveilleuse industrie et un puissant sentiment de l'art. Cette œuvre, qui est évidemment l'œuvre d'un homme de talent, rappelle à s'y tromper les merveilles de l'orfèvrerie florentine, les vases de Benvenuto Cellini avec leurs vives ciselures et leurs hardies figurines. L'art perdu du repoussé s'y étale enfin avec ses plus fières vigueurs et ses plus extrêmes finesses de bas-relief.

Puisque nous sommes si près du théâtre, voulez-vous que nous y entrions?... Chollet et son inévitable compagne, Mlle Prévôt, chantent ce soir *Le postillon de Longjumeau* d'Adolphe Adam. La salle est déjà remplie, et c'est avec beaucoup de peine que je parviens à trouver la stalle numérotée qui m'attend à l'orchestre.

J'examine à la dérobée les voisins que le hasard m'a donnés, et cet examen préalable auquel je ne manque jamais de soumettre ceux avec lesquels je vais forcément vivre pendant quelques heures, est tout-à-fait à leur avantage. J'ai affaire à deux bons Genevois, fort babillards et très-indiscrets pardessus le marché. L'intimité s'établit bien vite entre nous trois, et avant que la toile soit levée, je suis, grâce à eux, parfaitement au courant de la chronique scandaleuse de Genève. Ce mot de chronique scandaleuse vous fait sourire; eh! mon Dieu, pourquoi s'en étonner si fort.... Dans cette ville aux mœurs sévères et aux allures puritaines, les hommes et les femmes ne sont ni plus sages ni meilleurs qu'ailleurs; on y sauve mieux les apparences, ou, si vous le préférez, on y est plus hypocrite. Pourquoi, puisque je suis ainsi en train de médire, n'ajouterais-je pas que les Genevois aiment l'argent avec passion et ne négligent aucun moyen pour en acquérir. Pour peindre l'âme intéressée des Genevois et leur sagacité en fait de calcul dans leurs intérêts, M. de Choiseul, ministre du roi Louis XV, avait coutume de dire ; — Quand vous verrez un Genevois se jeter par la fenêtre, vous pourrez vous y jeter après lui, il y aura au moins cinq pour cent à gagner.

Mlle Prévôt est toujours cette bonne et énorme fille que vous connaissez. Mais qui me donnera des nouvelles du talent et de la grâce coquette de Chollet? j'aurais tant désiré retrouver sous la veste de velours du galant *Chapelou* un peu de la désinvolture élégante de *Fra Diavolo* et de *Zampa*. Malheureusement Mlle Prévôt et Chollet ont atteint, depuis longtemps l'un et l'autre, l'âge de la maturité, et les jeunes gens seuls peuvent être les dignes interprètes des arts. Laissons-leur le monopole de la grâce, de la joie et de l'entrain. La jeunesse est elle-même déjà une grâce ; c'est le principe de toute ardeur, de tout vif élan, de toute joie ; c'est le secret de tout talent qui palpite, qu'on sent vivre, qui émeut et qui transporte. Qu'espérer de ces artistes fanés dont le blanc de céruse et le rouge végétal disputent péniblement aux rides naturelles une apparence de jeunesse et de fraîcheur; qu'espérer de ces voix qui chevrotent l'amour et de ces duègnes grimaçant les tendres sourires et les langoureux regards? Jeunesse, jeunesse, source éternelle de toute passion, je préfère ton imperfection adorable au talent accompli et trop mûr, hélas! J'aime bien mieux la note perlée de Falcon dans ses beaux jours que le trille irréprochable de Mme Damoreau, — lequel trille date des commencements de la Restauration, c'est-à-dire de près de trente ans!.... Je préfère un vers, un seul vers de la bouche de notre divine Rachel à toute une tirade de Mme Dorval, cet admirable talent vieilli!....

M. de Sismondi (1) a paru dans sa loge, et depuis son arrivée, les regards de la salle entière s'arrêtent sur lui. Je puis donc observer tout-à-l'aise, sans indiscrétion, l'historien qui s'est élevé si haut

(1) Mort depuis cette époque.

comme narrateur et comme philosophe, dans son *Histoire des Français* et dans celle des *Républiques italiennes au moyen âge*. M. de Sismondi a complètement justifié ce précepte aujourd'hui adopté par tous les bons esprits, et si heureusement réalisé parmi nous par l'illustre auteur de l'*Histoire de la conquête d'Angleterre par les Normands*, M. Augustin Thierry : l'histoire doit être à la fois une œuvre d'art et d'érudition.

Il y a diverses façons d'écrire l'histoire, et pour le moins trois sortes d'historien : les premiers étudient l'opinion régnante et présentent les faits et les caractères sous le jour qui flatte le plus ses passions et ses préjugés; les seconds travaillent consciencieusement à ne dire que des faits vrais, et laissent à leurs lecteurs le plaisir de les juger; les troisièmes, c'est à cette classe qu'appartient M. de Sismondi, s'attachent aux idées qui ont dominé dans chaque siècle, cherchent dans leur triomphe ou leur chute le but auquel la Providence veut conduire l'humanité, et rapportent tout à ce but sur lequel ils ont les yeux constamment fixés.

Le succès des premiers de ces écrivains est immédiat et général; mais il passe; c'est celui de l'engouement. Le succès des seconds est long à conquérir et demeure circonscrit; mais il dure; c'est celui de la probité. Le succès des troisièmes rencontre d'abord des objections et même du blâme; ils sont trop en avant du monde; mais il grandit à mesure que le monde marche et voit enfin comme eux.

Le rideau vient de s'abaisser pour la dernière fois, et je ne vous ai encore rien dit du théâtre et des acteurs; c'est que franchement, je ferais peut-être beaucoup mieux de me taire. Extérieurement, rien ne distingue ce théâtre de la maison du bourgeois le plus modeste; intérieurement, il est sale, mal disposé et enfumé; tout-à-fait indigne enfin de cette belle cité de Genève, où tout est si propre, si élégant et si bien soigné. Quant aux acteurs qui l'exploitent en l'an de grâce 1859, ils sont faibles, très-faibles, pour ne dire rien de plus.

Les Genevois songent sérieusement, m'a-t-on assuré, à faire construire, au centre de leur ville, un splendide théâtre. On ne saurait trop applaudir à ce projet artistique et monumental, et trop vivement insister auprès d'eux pour sa réalisation immédiate. Les théâtres, les monuments en général, sont la parure obligée des grandes villes. On ne mérite d'être un peuple civilisé et poli qu'à la condition de maintenir et de respecter les belles traditions de l'art. Rien n'élève plus l'âme, ne donne plus le goût du beau et des grandes choses que la vue des monuments ; les Grecs et les Romains, nos maîtres, n'ont été les deux peuples les plus civilisés et les plus polis de la terre, que par les beaux-arts. Les yeux ne s'arrêtaient que sur des lignes harmonieuses et pures, sur des statues divines, sur des temples aux somptueuses et élégantes proportions. Plus le progrès matériel s'étend, plus l'art doit être encouragé, plus ses belles manifestations doivent être multipliées, de peur que les facultés morales, les qualités nées de la civilisation ne finissent par disparaître dans les préoccupations trop envahissantes de l'industrialisme.

Si j'osais donner un conseil aux Genevois, je les engagerais à adopter, dans la distribution intérieure de leur nouveau théâtre, la distribution et l'aménagement si éminemment confortables des théâtres d'Italie. Les salles de spectacle d'Italie sont établies avec un soin et une intelligence véritablement inouïs, et si je ne craignais pas d'abuser de vos moments, si je pouvais espérer surtout de vous voir accueillir avec indulgence et bonté cette courte digression, je vous dirais comment elles sont organisées, comment on y passe le temps et comment on s'y trouve. Allons, du courage ; peut-être me pardonnerez-vous, quand vous l'aurez lue, cette rapide ébauche, que je complèterai et à laquelle je donnerai les proportions d'un tableau dans l'ouvrage que je vais publier immédiatement après celui-ci sous le titre de : *Une année de séjour en Italie.*

II.

Connaissez-vous un pays au monde où le goût du théâtre soit plus vif et l'instinct musical plus développé qu'en Italie?..... Dans ces riantes contrées, dont les cieux sont si purs qu'on y verrait passer tous les anges de Raphaël, tout parle au cœur, tout charme les yeux, tout exalte les sens, tout sourit à l'imagination, la vie s'y traduit par ces deux mots : *amour et harmonie*.

Le gondolier de Venise, en effleurant du bout de sa rame les eaux tranquilles du grand canal Orfano et en glissant le soir sous les sombres voûtes du Rialto, chante dans cette mélodieuse langue du Tasse et de l'Arioste, les séductions d'Armide et le réveil de Renaud, les exploits chevaleresques de Roland et les amours d'Angélique et de Médor. Le lazzarone de Naples, qui habite le grand escalier ou le portique d'une église; qui, lorsque midi sonne à Santa Maria del Carmine, vient faire sa paresseuse sieste sur les dalles brûlantes de la rue de Tolède; qui n'a ni foyer, ni lit qui lui appartienne, ni toit où il puisse abriter sa tête, se croit heureux et ne demande plus rien à Dieu et aux hommes, quand il entend le son des cornemuses des pifferari lui annonçant les approches de la fête de la bonne et vénérée Madone, et lorsqu'il est sur le môle à écouter les récits merveilleux des improvisateurs et les éternels lazzis de Polichinelle, ce roi des plaisirs du peuple napolitain; royauté inoffensive, qui n'a jamais fait couler de larmes, et qui a eu l'honneur insigne d'avoir pour historiographe Charles Nodier, cet écrivain de tant d'esprit, qui, chose rare de nos jours, unissait à un immense talent le plus noble et le plus généreux caractère, et Roger de Beauvoir, l'auteur de *L'écolier de Cluny*, dont la plume toujours gracieuse et facile, nous a redit avec une si aimable malice les adorables faiblesses de cette belle et élégante société du XVIIIe siècle.

Je partis un jour d'Ischia pour gravir l'Epoméo, si bien décrit par Paul Richter ; et arrivé après beaucoup d'efforts, de peine et de fatigue, au sommet de la montagne, d'où l'île entière m'apparaissait comme une frêle nacelle voguant à la dérive sur une mer immense, ma première pensée fut une pensée d'enthousiasme, mon premier cri fut un cri d'admiration à la vue de ce magnifique tableau qui déroulait à mes pieds Naples et sa belle et étincelante nature, et ses monuments sans nombre, et sa rade si joyeuse et si animée : Portici, Resina, Pompeï, le Vésuve et son cratère fumant,

Salerne, dont l'école fut si célèbre tant qu'elle resta sous la domination des princes Lombards ; Sorrente, la ville aux orangers ; les îles de Procida et de Nisida ; Caprée, le séjour tant aimé de Tibère ; puis le promontoire de Misène, Gaëte ; Terracine, la terre classique du bandit napolitain ; le promontoire de l'enchanteresse Circé ; puis encore, comme un nuage lointain et vaporeux, les rochers bruns et grisâtres de la Corse et de la Sardaigne.

Depuis ce jour, j'ai bien compris la nature artistique et musicale des peuples de l'Italie. Comment n'auraient-ils pas en naissant l'instinct de ce qui est beau aux yeux et doux à l'oreille ? ....Comment n'aimeraient-ils pas tout ce qui est illusion, musique et plaisir ?.... Chaque jour, dans ces heureux climats, s'offre à eux paré de nouveaux charmes, et semble apporter avec lui une vie nouvelle. La nature, riche et prodigue, pourvoit abondamment à tous ses besoins : la fleur et le fruit naissent presque en même temps sur le même arbre ; le ciel s'y montre constamment clair et serein, les jours y sont brûlants, et la nuit, ce temps des chansons, cette heure de l'amour, y est fraîche et douce comme le soupir d'un enfant qui sommeille.

Avec de pareils éléments, le succès des administrations théâtrales est facile ; les *impresari* deviennent riches. Demandez-le plutôt *al signor Barbaja*, le directeur suprême des théâtres royaux de San Carlo et del Fundo, de Naples.

Le public qui remplit chaque soir les salles de spectacle d'Italie, est convenable, doux, poli, enthousiaste, facile, décent. Il se plaît à revoir le même opéra, ne siffle jamais, encourage de la voix et du geste le talent qui est aux prises avec la timidité du début ; et quand ce talent s'est développé, quand il a grandi, il l'applaudit avec une fureur qui ressemble à de la frénésie. Là, point de charlatanisme, point de ces affiches menteuses qui vous saisissent au coin des rues et qui viennent sans vergogne vous promettre ce qu'elles ne tiennent jamais ; point de ces ignobles cabales qui, au moment des débuts d'une nouvelle troupe dramatique, déshonorent si souvent le parterre de quelques-unes de nos grandes villes de province; point de ces cris assourdissants, si désagréables pour les habitués des loges et du balcon. Le talent est toujours sûr d'être bien accueilli, et le silence fait bonne et prompte justice de la présomption et de la médiocrité.

Rien ne ressemble moins à un théâtre français qu'un théâtre d'Italie.

Les salles italiennes sont généralement très-vastes. Leurs proportions sont pleines de grandeur et d'harmonie. Je citerai en première ligne, comme les plus remarquables, San Carlo, à Naples; la Scala, à Milan; Carlo Felice, à Gênes; la Pergola, à Florence; la Fenice, à Venise. Les ornements intérieurs qui parent ces salles sont loin de répondre à la mâle et sévère beauté de leur forme extérieure : le peintre y a semé l'or à profusion. En agissant ainsi, il a oublié qu'une élégante simplicité plaît et séduit, tandis que ce qui est trop orné paraît lourd et fatigue le regard. Vous voyez que les décorateurs des théâtres d'Italie ressemblent un peu, sous ce rapport là, à nos belles dames de province, qui cesseraient volontiers de se croire femmes à la mode, le jour où elles ne porteraient pas sur elles de quoi habiller au moins deux personnes.

Ce que je dis des ornements ne s'applique point à l'aménagement intérieur qui est tout-à-la-fois d'une somptuosité et d'un comfort dont on n'a pas d'exemple et d'idée. Je ne connais rien surtout d'aussi commode, d'aussi bien entendu et d'aussi bien ordonné que la distribution des places : tout est prévu, et le spectateur n'est pas obligé, comme dans nos théâtres de Paris et de province, d'attendre pendant des heures entières, dans des couloirs sales et humides, qu'il plaise au directeur de faire ouvrir les portes de la salle. Concevez-vous cette ineffable jouissance d'être heurté, poussé, bousculé dans tous les sens, avant d'obtenir une toute petite place, source pour vous de tribulations sans nombre, trop heureux encore quand la politesse de certains des habitués de nos théâtres ne vous la fait pas acheter au prix des injures les plus dégoûtantes !

En Italie, vous prenez votre billet dans la journée, et vous avez de plus le grand avantage de payer moins cher qu'en France le plaisir d'assister au spectacle. En France, on montrerait au doigt et l'on désignerait même à la sollicitude *morale* du commissaire de police de service, la femme qui oserait se montrer au parterre ; en Italie, c'est chose reçue, et souvent ce ne sont pas les moins jolies qui s'y présentent.

Dans quelques théâtres tels que San Carlo et la Pergola, les places sont séparées en stalles ; dans tous les autres elles sont seulement numérotées. Vous voyez d'ici les avantages qu'offre une pareille distribution. Vous arrivez cinq minutes avant le lever du rideau, et le garçon de service vous conduit au numéro porté sur votre billet. Tout cela se fait sans bruit et sans susciter jamais la moindre réclamation. Il y a tout autour et au milieu du parterre un espace où chacun peut librement circuler; et, afin d'éviter l'encombrement qui résulte de deux foules arrivant sur un même lieu de deux points opposés, on a supprimé les portes latérales, et ménagé au fond une ouverture haute et large, recouverte d'une riche portière en damas à franges d'or.

Les régions élevées du théâtre sont disposées d'une tout autre manière. Point de galeries, point de balcons; des loges partout, et quelles loges !.... Des appartements complets, meublés avec une somptuosité rare, où l'on peut souper avec de joyeux amis, ou danser aux accords de Bellini, de Donizetti et de Rossini, le divin maëstro dont les arts déplorent depuis si longtemps le dédaigneux silence. Ces loges sont exclusivement réservées à ce monde aristocratique et parfumé, qui n'applaudit jamais que du bout des lèvres, et en inclinant avec grâce son éventail ou son bouquet de fleurs, et ne vient au théâtre que pour étaler dans des loges toutes resplendissantes d'or et de velours le luxe et la suprême élégance des salons de la ville. Rien de coquet, rien de séduisant, rien de gracieux comme l'aspect qu'offrent ces loges un jour de première représentation. On dirait à les voir, toutes les fleurs de nos jardins épanouies au milieu et sur les bords d'une corbeille.

Entrez dans la salle ce jour là, une heure avant le lever du rideau. Les objets s'offrent à vous sous l'enveloppe mystérieuse du demi jour; au-dessus de vous, sous les soyeuses draperies des loges, s'engagent des conversations douces comme les sujets amoureux qu'elles ont pour objet, — quelle est la grande dame d'Italie qui n'ait pas encore auprès d'elle son aimable et galant sigisbé? — Vous levez la tête, vous jetez les jeux sur tous les points à la fois, et, désespéré de ne rien voir, vous vous asseyez sur un banc; mais attendez un instant, la salle commence à devenir brillante, et le lustre, qui tout-à-coup descend du plafond, l'inonde de feu et de lumière. Comme tout a pris subitement un air de fête! Partout des figures devant lesquelles on se mettrait volontiers à deux genoux. Des yeux noirs dont rien n'égale la vivacité et l'ardeur, des épaules à faire damner un saint, des diamants ruisselant sur de blanches poitrines, des fleurs s'épanouissant dans des touffes de dentelles, de blondes ou de gaze, des esprits se dressant au-dessus des turbans orientaux, des marabouts légers comme de blanches vapeurs, des plumes jouant parmi des nœuds de rubans, des oiseaux de paradis étalant leur gerbe d'or et les mille reflets de leurs chatoyantes couleurs sur les tissus les plus moelleux et les plus brillants. Mais écoutez : la capricieuse note du prélude s'envole de l'orchestre et parcourt, rapide comme l'éclair, cette atmosphère embrasée. C'est le signal. Le silence devient profond, la toile se lève.

Entendez-vous Léonce Duprez, ce merveilleux ténor que nous avions prêté à San Carlo et qui est revenu sous le ciel de sa patrie trouver de nouveaux bravos et cueillir de nouvelles couronnes.

Comme sa voix est pure, comme elle est fraiche !...
Quelle sûreté dans les intonations ! quelle admirable énergie !... Les applaudissements qui l'accueillent sont vifs, et cependant ils ne sont que l'écho, encore bien affaibli, de ceux qui, chaque soir, saluent son apparition sur la scène. A côté de lui, s'avance la *prima donna*, charmante fauvette dont la voix douce et flexible se prête sans efforts aux mille caprices d'une vocalisation dirigée par un goût aussi sûr qu'exercé. Les fleurs semblent naître sous ses pas, tellement le théâtre en est jonché. Comme ces jeunes femmes savent apprécier ce qui est beau ! comme elles sentent en artistes ! Les voyez-vous se pencher sur les bords de leur loge; comme elles sont haletantes ! Ne dirait-on pas, à voir les battements précipités de leur poitrine nue, que leur vie s'est arrêtée tout entière sur les lèvres de l'inimitable cantatrice !!!....

Le rideau se baisse au milieu des applaudissements et des bravos ; les loges se remplissent de nouveaux arrivants : c'est la vie de salon qui commence. Chaque dame voit successivement ses amis et ses connaissances prendre place à ses côtés : elle a pour tous un sourire, pour tous une parole obligeante, un mot aimable; elle les accueille tous avec cette prévenance digne et polie, qui, quoi qu'en disent nos sommités nouvelles, sera toujours le signe caractéristique et distinctif auquel on reconnaîtra cette classe privilégiée qui conserve intactes et pures les traditions de la bonne compagnie d'autrefois.

Au parterre, on se promène, on se serre affectueusement la main, on parle de commerce, on déplore ses fluctuations si variées et si soudaines, on rêve aux moyens de se rendre maîtres de ses chances : les désœuvrés, et Dieu sait s'il y en a ! y parlent nouvelles; les beaux esprits y vantent les arts, la musique et la littérature. C'est un va et vient continuel, un mouvement perpétuel en raccourci. Les tendres et langoureux regards, les coups de lorgnons s'échangent de tous côtés et de tous les points à la fois. Ceux qui sont jeunes soupirent, ceux qui ne le sont plus bâillent en regrettant leur passé. Vous trouvez réunis là tous les hommes un peu considérables que vous avez rencontrés dans les salons de la ville. Vous êtes coudoyé par des rentiers et des artistes, des négociants et des hommes de lettres, des officiers à la mine fière et au brillant uniforme, et de pacifiques bourgeois à la tournure plus pacifique encore. Faut-il vous le dire, enfin? c'est un salon de bonne compagnie, tant les formes y sont douces et charmantes, tant la conversation y est variée, élégante et facile.

Convenez que j'avais raison de vous dire, en commençant, que rien ne ressemble moins à un théâtre français qu'un théâtre d'Italie.

Cependant, si je veux être vrai jusqu'au bout, je suis obligé de reconnaître que la scène française demeure sans rivale pour tout ce qui touche à la partie matérielle de l'art. En Italie, on semble ne pas se douter de l'attrait que l'illusion scénique ajoute à la représentation. Aussi c'est pitié de voir la négligence qui préside aux décors, aux costumes et à la mise en scène. Le spectacle n'est point sur la scène, ainsi que vous pourriez le croire, mais bien dans la salle. Une seule fois, et c'est un souvenir que les années écoulées depuis n'ont point affaibli, j'assistai à une représentation où l'illusion scénique fut portée à un point de perfection et de vérité que le pinceau de nos grands peintres décorateurs n'atteindra certainement jamais. Il est vrai que la nature avait seule tracé les immenses lignes de cette magnifique décoration.

C'était à Nice, un soir que la cour de Sardaigne honorait le spectacle de sa présence. L'opéra venait de faire entendre ses derniers chants, lorsqu'à un signal parti de la loge royale, la toile du fond se leva, et la mer, couverte au loin de barques brillamment éclairées, s'offrit à nos regards. L'admiration fut si profonde et surtout si vivement sentie, que, malgré la présence du roi et de son auguste famille, elle éclata en acclamations unanimes et prolongées. Voilà un effet de scène qui ferait courir tout Paris ; et auquel n'ont certainement pas songé les hommes habiles qui, depuis quelques années, se sont succédé à la tête de l'administration de l'opéra. Malheureusement l'Académie royale de musique est bâtie au centre de la capitale, au beau milieu de la rue Lepelletier, tandis au contraire que le théâtre de Nice voit sa svelte et somptueuse architecture se mirer dans les flots bleus de la Méditerrannée. J'ignore le nom de l'architecte qui a donné les plans et les dessins de ce théâtre ; mais, sans le connaître, je le tiens pour un homme d'imagination et de goût. Ne trouvez-vous pas gracieuse et éminemment poétique l'idée qu'il a eue de placer ainsi un théâtre sur les bords de la mer ?....

III.

Revenons à Genève.

Le jardin botanique qu'on aperçoit à quelques pas de distance seulement du théâtre, est une délicieuse promenade chère aux jolies Genevoises. Il est bon que vous sachiez que les femmes de Genève sont en général toutes jolies. Mais pourquoi ont-elles ainsi abandonné le costume pittoresque de leur canton?.... Il leur siérait infiniment mieux que ces modes parisiennes qu'elles portent pour la plupart sans grâce et sans beaucoup de goût.

Le reproche que j'adresse ici aux Genevoises, je pourrais à plus forte raison l'adresser aux Vaudoises. Elles sont jolies aussi; mais elles le seraient bien davantage encore si elles voulaient consentir à s'habiller comme s'habillaient leurs mères. Allons, mesdames, laissez pour toujours de côté ces modes françaises qui ne sont pas faites pour vous, et reprenez bien vite le costume national. Votre miroir, si vous le consultez, vous dira demain que j'ai eu mille fois raison de vous donner ce conseil.

Créé en 1816, par M. de Candolle, l'auteur justement estimé de la Flore française, le jardin botanique doit aux soins et à l'administration éclairée de ce savant professeur, ses améliorations et ses embellissements. Ne cherchez pas dans ce jardin le mouvement pittoresque et les accidents variés de terrain qui font du Jardin-des-plantes de Paris le réduit le plus frais et le plus ravissant qui soit au monde. Mais comme vous serez vite séduit par l'aspect gracieux qu'offre l'ensemble de sa distribution!.... Et puis, quelle propreté dans ces allées si bien alignées et si bien sablées ! Voyez comme ces serres sont bien exposées ! admirez surtout les richesses naturelles de tout genre qu'une main généreuse jusqu'à la prodigalité y a entassées !.....

Dans le fond des serres, le long des grands murs dont les feuilles trilobées et les fleurs alternées de rouge et de violet des passiflores, cachent la blanche nudité, apparaissent les palmiers au port élégant et majestueux, les bananiers avec leurs feuilles au diamètre gigantesque, les ananas, les yucca, les agaves et les aloës. Puis rangés avec ordre, ici les liliacées et leurs congénères : le *lilium superbum*, si beau et si gracieux à voir ; le *lancifolium*, dont la corolle inclinée semble vouloir protéger les frêles et délicates étamines, et dont la riche couleur dorée fait ressortir avec tant d'énergie la blancheur suave de ses pétales ; la *sanseviera* dont les douces senteurs ne s'exhalent qu'à

L'heure où la fleur s'endort, où s'éveille l'étoile.

Plus loin, c'est la jolie famille tout entière des

primevères; les belles bruyères que nous avons ravies au Cap-de-Bonne-Espérance; les azalées, les pelargonium, les fuchsia, les geranium, les diverses variétés de camélias à la forme si pure et aux nuances si fraîches et si veloutées; puis enfin c'est l'innombrable famille des plantes grasses dont les couleurs étincelantes s'épanouissent avec tant de bonheur aux chauds et brillants rayons du soleil d'Afrique. Remarquez encore, en parcourant ce jardin et ces belles serres, la politesse prévenante et affectueuse des gardiens chargés d'en faire les honneurs au public et aux étrangers.

On ne saurait, à mon avis, jamais trop parler des soins et des égards de toute sorte dont le public et les étrangers surtout sont entourés à Genève. Les Genevois savent fort bien que ce monde d'élite qui vient chaque année visiter leur ville et ses délicieux environs, est accoutumé aux jouissances et aux délicatesses du luxe et de l'opulence. Aussi, remarquez comme ils ont su habilement prévoir ses goûts et ses moindres désirs. Le voyageur qui entre pour la première fois dans Genève, est tout d'abord séduit par l'accueil qu'il y reçoit ; il n'a point à lutter aux barrières avec ces ignobles tracasseries de police dont on est si prodigue en France, depuis surtout que, comme chacun le sait, nous avons conquis *la liberté* en juillet 1830.

La sûreté et le bien-être communs exigent sans doute que certaines précautions soient prises ; mais comme cette surveillance salutaire, qui s'étend à tout et veille sur tous, est habilement déguisée sous les dehors bienveillants d'une affectueuse sollicitude ! Son regard ne rencontre rien qui soit pénible ou désagréable à voir. Partout autour de lui règnent la tranquillité, l'aisance et le bonheur. L'administration paternelle de Genève a éloigné de lui ces tableaux hideux où la pauvreté vient étaler aux yeux attristés de la foule ses plaies et sa misère ; dans cette cité si industrieuse et si florissante, tous les bras sont occupés, et le pauvre apprend de bonne heure à travailler. Chaque pas qu'il fait dans cette ville lui révèle un enchantement nouveau. C'est pour lui qu'ont été élevés à grands frais ces brillants hôtels où, sur un mot sorti de sa bouche, il est si promptement et si somptueusement servi ; c'est pour lui qu'ont été plantées ces magnifiques promenades de la *Treille*, de l'*Esplanade* et des *Bastions ;* d'où le regard charmé erre tour-à-tour sur les eaux endormies du Léman, et sur les éblouissantes perspectives de ce beau bassin genevois, dont les lointains horizons se perdent sur les dernières cimes des montagnes du Faucigny, du Chablais et du Jura.

Si, las de parcourir en désœuvré la ville et ses environs, l'étranger éprouve le besoin de se recueillir et de s'instruire, qu'il aille frapper à la porte de l'Académie fondée par Calvin. Là, mêlé à la foule studieuse qui entoure chaque jour la chaire des savants professeurs de ce bel établissement, il pourra assister aux leçons de M. de Sismondi et de M. de Candolle. Préfère-t-il le silencieux recueillement de la lecture, la bibliothèque publique va lui offrir ses cinquante mille volumes, ses manuscrits précieux, et ses belles et rares éditions du XVme siècle. Veut-il étudier la nature dans son ensemble ou dans la variété infinie de ses détails, le musée d'histoire naturelle mettra à sa disposition ses collections et les richesses de tout genre qu'il possède. Regrette-t-il par hasard les séduisantes causeries du monde qu'il a quitté, il lui sera facile de retrouver dans beaucoup de salons, et notamment dans celui de M. Eynard, l'esprit et la grâce qui distinguent ce monde aimé.

Puisque j'ai parlé de M. Eynard, le célèbre philhellène dont tout le monde, en Europe, connaît le nom, il faut bien que je vous dise quelques mots de sa demeure que j'ai visitée. C'est bien là l'habitation d'un homme d'esprit et de goût. Mon Dieu! les jolies choses que j'ai remarquées dans les somptueux appartements de cet hôtel! de Balzac, j'en suis sûr, trouverait facilement le moyen de remplir un volume avec la description seule de toutes ces petites merveilles. Il est vrai de dire qu'il y a peu d'hommes au monde qui s'entendent aussi bien que lui à inventorier un riche mobilier. Rien ne lui échappe, tout est impitoyablement compris dans l'inventaire qu'il dresse. Un de mes amis, aujourd'hui l'un de nos écrivains les plus distingués, disait plaisamment en parlant de lui, que si l'auteur d'*Eugènie Grandet* et de tant d'autres charmants ouvrages où se révèlent à un si haut degré le talent et l'esprit d'observation de l'illustre et fécond romancier, abandonnait le culte des lettres pour se livrer exclusivement à l'exercice d'une profession moins brillante, il deviendrait inévitablement un excellent *commissaire priseur*.

Ne décrivons donc pas, puisque nous n'avons ni le talent ni l'aptitude toute spéciale de Balzac pour ce genre de travail ; bornons nous seulement à vous prier de ne pas quitter cette splendide habitation sans demander à voir les trophées d'armures et d'armes qui décorent une de ses salles basses. Ce sont, agencés, groupés et disposés avec un art infini, des heaumes, des timbres, des morions, des cimiers, des gorgerins, des brigandines, des cottes de mailles, des haubergeons, des cuirasses, des corselets, des cuissards, des jambards, des brassards, des écus, des rondaches, des masses d'armes, des lances, des épées à deux mains, des dagues à coquille, des miséricordes, damasquinés, ciselés, polis, étoilés de clous à facette et d'ornements d'un goût, d'une délicatesse, d'un fini et d'un éclat vraiment merveilleux.

Vous trouverez peut-être que je passe un peu brusquement de la demeure où habite l'opulence, au lieu où gémit le malheureux frappé par la justice des hommes; mais j'ai beau chercher autour de moi, je ne vois rien qui puisse me servir de lien d'heureuse transition entre l'hôtel de M. Eynard et la maison pénitentiaire.

Je chemine donc vers cette dernière. Déjà j'aperçois les arbres qui l'entourent, lorsque je me rappelle que j'ai oublié d'aller demander au conseiller d'Etat préposé à la direction générale de la maison pénitentiaire genevoise, une autorisation pour la visiter. Mais ce conseiller d'Etat comment se nomme-t-il et où demeure-t-il ?... Fort heureusement pour moi, je rencontre sur mon chemin un bourgeois de Genève qui m'offre avec un empressement tout gracieux de me conduire chez M. Constant-Prévôt. J'apprends pour la première fois que le conseiller d'Etat après lequel je cours se nomme ainsi. Comme je n'ai pas encore eu le temps de me familiariser avec les habitudes simples et vraiment patriarchales des grands fonctionnaires des cantons confédérés, j'éprouve un moment d'hésitation. Ma tenue de voyage, quoique propre, ne me semble ni assez convenable ni assez sévère surtout. Mon officieux cicérone, qui s'aperçoit de l'examen que je fais subir à mon extérieur, devine ma pensée et me dit en riant, en me désignant une maison d'assez chétive apparence : « Frappez et entrez sans crainte. »

Je sors quelques instants après de chez M. Constant-Prévôt, porteur de l'autorisation que j'étais allé y chercher, et ravi de l'aimable accueil que ce conseiller d'Etat a bien voulu me faire. Croiriez-vous qu'après cette entrevue, j'en étais arrivé, moi, voué par mes sympathies de famille et mes convictions personnelles aux idées monarchiques, à douter presque de l'excellence de mon gouvernement de prédilection?.... Cette façon toute simple et toute bonne de traiter les hommes et les affaires, ce désintéressement qui porte ces fonctionnaires, produits de l'élection populaire, à sacrifier ainsi presque gratuitement leur temps et leur fortune même quelquefois à l'administration de la chose publique, m'avaient singulièrement séduit. Involontairement je rapprochais cette manière si noble, si généreuse et si dévouée de faire et d'agir, de celle de tant de fonctionnaires publics grands et petits de notre nouvel ordre de choses en France ; et je vous laisse à penser si la comparaison pouvait être un seul moment avantageuse à ces derniers, hier, Brutus de carrefour, touchant dans la main des hommes les plus méprisables et les plus vils, aujourd'hui, parvenus pleins de morgue et d'insolence.

Je ne voudrais pas cependant que l'on se méprît trop sur la portée de mes paroles. Je ne me suis point proposé l'apologie de la république fédérale qui régit les cantons suisses. J'ai loué sans réserve les hommes, mais je blâme le système de gouvernement qu'ils ont adopté.

Selon moi, dans une fédération où les états de grandeur et de force diverses se disputent les prérogatives de la souveraineté, le pouvoir central manque d'autorité et par conséquent de force. Tous les hommes politiques chez lesquels les idées sont sérieuses et élevées, reconnaissent le grave inconvénient qu'entraîne après lui un pareil système de gouvernement. Voyez les troubles qui ont désolé tour-à-tour le canton de Zurich, celui du Valais et celui du Lucerne. Voyez la révolution qui vient d'éclater, il y a quelques mois à peine, à Genève, et qui a failli coûter la vie à l'un des hommes les plus distingués de l'ancienne aristocratie de cette ville, le colonel Lullin de Châteauvieux, le digne fils du spirituel Frédéric de Châteauvieux, l'ami de

Mme de Staël, et auteur des *Lettres sur l'agriculture de l'Italie*, des *Lettres de Saint-James* et de plusieurs autres écrits également remarquables et estimés. N'est-ce pas aux vices de la constitution fédérale qui les régit qu'il faut en attribuer la seule et unique cause?.... Je crois que si la Suisse veut arriver à occuper parmi les Etats européens la place que lui assignent et son importance géographique qui est incontestable, et l'industrieuse intelligence de ses braves enfants, elle doit réformer entièrement sa constitution. Pourquoi tous les cantons confédérés n'adopteraient-ils pas une législation uniforme?.... Ils pourraient se réserver une large liberté municipale, et confier la direction des affaires générales de gouvernement à un pouvoir *central* et supérieur. Ce serait là une heureuse fusion de l'élément démocratique. Je voudrais me tromper, car j'éprouve pour la nation suisse une ardente et sincère sympathie, mais je crains bien que s'ils ne changent ou ne modifient pas profondément du moins leur système vicieux de

gouvernement, le mot de M. de Bonald ne soit vrai : « La Suisse est une agrégation de municipa-
« lités, se gouvernant elles-mêmes, sous le patro-
« nage des grandes puissances. »

Il ne faut pas se le dissimuler cependant, la révision du pacte fédéral suisse présente de graves et nombreuses difficultés. Ce ne sera pas sans peine qu'on parviendra à fondre les éléments divers et même un peu hétérogènes dont se compose la Confédération, en un grand tout national parfaitement homogène, calqué enfin sur le modèle de notre organisation française. La centralisation a rendu à la France d'immenses services ; c'est en elle qu'elle a puisé la force, la spontanéité et l'unité de vue et d'action qui lui ont permis, aux grandes époques de la République et de l'Empire, de soutenir avec tant d'avantage et souvent tant de gloire le choc des puissances étrangères coalisées contre elle. Mais encore faut-il savoir si cette organisation créée par la monarchie, développée et fortifiée par la République et l'Empire, convient à la Suisse comme elle convient à la France. En politique comme en médecine, il faut toujours tenir compte des diverses variétés de tempérament. Ce qui est souvent salutaire pour l'un devient au contraire mortel pour l'autre. La Suisse, divisée à l'infini par la nature même de son sol, hérissée de hautes montagnes, et coupée par des ravins profonds, voit sa population en quelque sorte parquée en tribus distinctes, séparées les unes des autres par les mille accidents d'un pays montagneux. L'origine de cette population, son langage, ses mœurs, tout, jusqu'à ses croyances religieuses, varie et diffère à chaque pas que vous faites dans ce pittoresque et si intéressant pays. Et puis ne faut-il pas craindre de toucher à ces antiques coutumes si chères aux populations pauvres, simples et primitives chez lesquelles le sentiment de l'individualisme s'est conservé pur de tout contact étranger?....

Je vois enfin s'ouvrir devant moi les portes de la maison pénitentiaire. Le cadre restreint que je me suis tracé ne me permet pas de traiter, même superficiellement, l'importante question de savoir quel est celui des deux systèmes, d'Auburn ou de Pensylvanie, qui doit l'emporter. Il me siérait d'ailleurs bien peu de trancher une question qui tient encore divisés des hommes aussi distingués et aussi versés dans la matière que MM. de Tocqueville, de Beaumont, Charles Lucas, Moreau-Christophe, et de Metz; sans parler de tant d'autres publicistes, philanthropes, hommes de lettres, utopistes, ministres, praticiens français et étrangers.

Le système d'Auburn, modifié par Charles Lucas, est le seul adopté dans le pénitencier genevois. Ce système, qui admet la séparation des détenus pendant la nuit et le travail en commun pendant le jour mais avec silence, est devenu, depuis quelque temps, l'objet de vives et sérieuses critiques. J'ignore si Genève suivra l'exemple qui lui a été donné par son voisin, le canton de Vaud, qui a remplacé dans toutes les prisons de ses districts le système d'Auburn par celui de Pensylvanie. Les inconvénients nombreux qu'entraîne forcément avec lui l'adoption du système d'Auburn, ont frappé l'esprit de ceux-là mêmes qui s'étaient montrés constamment jusqu'à ce jour les soutiens les plus dévoués de ce mode de répression pénitentiaire.

Il est en effet bien difficile, pour ne pas dire impossible, de maintenir le silence parmi des condamnés que l'heure du travail réunit dans un lieu commun; le silence fût-il même possible, que la présence seule de leurs compagnons de prison serait pour les détenus un sujet perpétuel de distraction. N'y a-t-il pas lieu de craindre aussi que ce contact journalier des condamnés entre eux ne détruise l'effet moral de la peine, et ne fasse disparaître peu à peu le remords et ces élans de retour aux bons principes, que l'isolement ne peut manquer de faire germer dans un cœur que le vice n'a peut-être pas encore tout-à-fait gâté?... Redoutez surtout ces intimités qui ne peuvent manquer de s'établir entre des hommes frappés par le même châtiment et réunis dans un commun travail. Lorsque ces amitiés nées à l'ombre de la prison se rencontrent dans le monde après leur libération, elles mettent souvent en commun, celles-là leur énergie, celles-ci leur intelligence et leur adresse. De pareilles associations ne sont malheureusement pas rares, et c'est à elles que la société doit ces grands forfaits qui viennent presque chaque année l'épouvanter.

La maison pénitentiaire de Genève est placée dans les plus heureuses conditions de bien-être et de salubrité. Ses alentours sont plantés de beaux arbres, et le Léman étend ses eaux à ses pieds. Ajoutez aux cinquante-six cellules de nuit réservées aux détenus, aux quatre petits ateliers où ils sont obligés de travailler pendant le jour, les quatre cours où il leur est permis de prendre, à une certaine heure de la journée, un peu de délassement et un peu de repos; joignez-y le logement réservé au concierge et aux gardiens, la salle affectée aux cérémonies du culte catholique et du culte protestant; la salle de bains, la cuisine et ses dépendances, et vous aurez en entier la distribution intérieure du pénitencier genevois.

La surveillance y est rigoureusement exercée; mais elle perd de sa sévérité selon qu'elle s'adresse à telle ou telle classe de détenus. Les grands criminels sont soumis à la réclusion solitaire, de nuit et de jour, pendant les trois premiers mois qui suivent leur entrée dans le pénitencier. Ils peuvent ensuite, si leur conduite a été satisfaisante, être admis au travail en commun pendant le jour. Seulement, avant d'entrer dans l'atelier commun, ils sont condamnés à rester dans l'atelier rigoureux jusqu'à ce qu'ils aient donné des gages de leur sincère retour vers le bien.

Les châtiments corporels, c'est là une modification importante du système d'Auburn, ne sont dans aucun cas appliqués aux détenus. Enfreignent-ils pour la première fois la règle austère du silence, ils sont condamnés à la réclusion solitaire avec travail; sont-ils en état de récidive, la réclusion solitaire leur est encore infligée, mais cette fois tout travail leur est interdit, et ils ne reçoivent pour toute nourriture que du pain et de l'eau. Se montrent-ils enfin intraitables, ils sont condamnés à la réclusion ténébreuse, espèce de *carcere duro* qui réagit vivement sur l'esprit du détenu et souvent le rend meilleur.

Cette propreté que l'on admire tant à Genève et dans toutes les autres villes de la Suisse, est poussée ici jusqu'à l'exagération. Chaque cellule est blanchie au lait de chaux chaque année, et quatre fois par an les détenus prennent un bain de propreté.

Je me trouvais à la cuisine au moment où sonnait l'heure du dîner, et je voulus juger par moi-même de la qualité des mets qui leur étaient servis. Tout cela était fort bon, et distribué avec une grande abondance. Je connais nombre d'honnêtes familles qui se contenteraient volontiers d'un pareil ordinaire pour chacun des jours de leur vie. Été comme hiver, les détenus font trois repas par jour : le matin, à midi, et le soir à six heures. Le déjeûner et le souper se composent invariablement d'une excellente soupe et de pommes de terre bouillies, et le dîner de légumes frais ou secs suivant la saison.

Les soins du corps n'ont point fait oublier ceux de l'âme. Un prêtre catholique et un pasteur protestant sont attachés à cet établissement, et chaque dimanche les détenus de l'une et de l'autre communion assistent aux offices religieux. C'est une consolation que la justice des hommes ne pouvait ni ne devait leur enlever. Punis en ce monde, il fallait leur laisser l'espérance d'obtenir un jour grâce auprès de celui qui est la source de toute miséricorde.

Vous allez très-certainement me prendre pour un franc original, si je vous avoue que je préfère à toutes les splendeurs de ces palais nouvellement construits, ces maisons dont l'aspect enfumé, le toit en saillie, les fenêtres en ogive et l'escalier contourné, rappellent ces temps heureux pour l'art où vivaient ces grands architectes de nos merveilleuses basiliques, nobles précurseurs de San-Gallo, du Bramante, de Michel-Ange, du Primatice, de Jean Goujon et de Philibert Delorme. Avec de pareils goûts, comment voulez-vous que je quitte Genève sans visiter la vieille cité; car il faut que vous sachiez que Genève est divisée en trois quartiers principaux distincts et séparés : la vieille cité ou haute ville où réside l'aristocratie de famille; la basse ville occupée par le commerce; enfin le faubourg Saint-Gervais habité en général par la classe ouvrière, et relié à la ville par quatre ponts jetés sur le Rhône.

A mesure que j'avance dans ces rues étroites où ne pénètre qu'à regret un jour faible et douteux, je m'isole des préoccupations du monde présent et je songe à ces temps malheureux où Genève, humiliée et vaincue, subissait tour-à-tour la loi des Bourguignons et des Français; puis, celle de ses comtes et de ses évêques. Mais le XVIme siècle a commencé, et avec ce siècle, a sonné l'heure de la liberté de Genève, lorsque, en 1526, cette ville remit l'exercice de la souveraineté à des magistrats nommés directement par elle et choisis dans son sein. De ce jour date sa fortune et sa gloire. Genève n'avait certes pas alors la valeur commerciale qu'elle a acquise depuis. Ville forte, elle occupait la hauteur; devenue libre et industrielle, elle descendit dans la plaine et vint construire ses nouvelles demeures sur les bords du Rhône et du Léman.

La Suisse a son historien national, son Jean de Muller, et Genève attend encore le sien. L'histoire de cette ville est en général peu connue, et cependant quelle histoire est plus remplie de mouvement et d'intérêt que la sienne? Sans elle peut-on bien comprendre les écrits de J.-J. Rousseau? Dans cette grande lutte religieuse qui est l'époque remarquable de la réformation, Genève joua le rôle dangereux d'une importante place de guerre, et mérita d'être appelée la *Rome protestante* de notre vieux continent. Avec le XVIIIme siècle la lutte recommença dans cette ville, mais cette fois sur un autre terrain. Les débats, au lieu d'être religieux, sont devenus politiques. L'époque de Calvin a cédé la place à l'époque de Rousseau. Ces longues et dramatiques agitations qui durèrent plus ou moins bruyantes, plus ou moins sourdes à la surface, pendant le dernier siècle tout entier, et qui ne furent pas toujours, comme l'a dit plaisamment Voltaire, *des tempêtes dans un verre d'eau*, fourniraient de précieux sujets d'observation et d'étude à l'écrivain intelligent et consciencieux qui voudrait donner la vie de l'histoire à ces événements si multipliés et si divers. L'aristocratie et la démocratie combattirent longtemps, dans ce petit coin de notre globe, avec une énergie et une persévérance infatigables. Les deux partis eurent chacun leurs jours de triomphe et leurs jours de défaite; et chose douloureuse à dire, de 1707 à 1798, époque où la France s'empara de Genève et de son territoire, aucun d'eux ne fut pur du sang de ses adversaires.

Je n'ai trouvé dans la vieille cité de Genève qu'un seul monument, la cathédrale de Saint-Pierre, qui, par son incontestable antiquité, son parfait état de conservation et l'imposante beauté de son architecture, puisse longtemps fixer les regards de l'archéologue et de l'artiste. Dans cette cathédrale où reposent ensevelis dans de somptueux mausolées, Agrippa d'Aubigné, l'ami de Henri IV, et le célèbre chef du parti protestant en France sous le roi Louis XIII, le duc de Rohan, l'archéologue remarque réunis et fondus avec un art infini dans l'architecture du même édifice, la transition, le XIIIme, le XIVme et le XVme siècles.

Ses vitraux sont nombreux. Ceux de l'abside principale surtout sont riches de composition et de couleur. Mais quels termes employer pour décrire les merveilles de sculpture des stalles de la grande abside, du banc-d'œuvre et de l'abat-voix de la chaire ?....

Je ne crois pas que la sculpture en bois pratiquée avec une supériorité si notable par le moyen-âge, surtout dans le Nord, et même jusqu'au XVIIme siècle dans les Flandres où de sublimes charpentiers brodaient les chaises, les retables, les stalles, les buffets d'orgue, les lambris, les corniches des églises, et détachaient avec une abondance de modelé, une délicatesse de traits et une perfection si grande, en ronde-bosse ou en haut-relief, au cœur des chênes les plus durs, des personnages de toute grandeur et de toute forme, ait jamais rien produit de pareil. On est à se demander comment le ciseau de l'artiste a pu tracer avec une précision et une pureté aussi étonnantes non seulement des figures, mais des tableaux entiers dont le sujet largement traité est emprunté aux pages de l'ancien et du nouveau testament. Le faire de ces belles pages sculpturales est sobre et austère. Il rappelle un peu ces boiseries que les Flandres ont produites au XVme siècle, calques fidèles de l'école religieuse des Van-Eyck et d'Hemmeling.

Ici comme à Lausanne et comme dans toutes les

villes de la Suisse soumises à la domination religieuse du schisme du Calvin, les églises catholiques ont été converties en temples protestants. A Saint-Pierre de Genève, c'est un ministre de la religion réformée qui a remplacé dans la chaire de vérité le doux et éloquent saint François-de-Salles. C'est le cœur serré de tristesse et de douleur qu'on parcourt aujourd'hui l'enceinte de ces antiques basiliques, sur les murs desquelles le pinceau du badigeonneur a jeté à profusion les éblouissantes blancheurs du plâtre et de la chaux. On dirait, à les voir ainsi blanches et dépouillées, des tombeaux revêtus de leur linceul de mort. Mais ils ignorent donc qu'il faut, à ces monuments d'une époque de mysticisme et de foi ardente et naïve, les merveilles et les pompes éblouissantes du culte catholique, les milliers de cierges allumés qui étincellent au milieu de ce demi-jour que les vitraux peints des hautes fenêtres rendent si doux et si mystérieux, les vêtements brodés d'or et d'argent des prêtres qui officient à l'autel, l'encens qni fume et les sons pleins de l'orgue mêlés à la voix fraîche et pure des jeunes lévites du sanctuaire.

Ce que je regrette surtout, c'est la grande voix de l'orgue accompagnant, non pas les chants monotones et traînants des psaumes protestants, mais bien les chants mâles et sévères de la belle liturgie catholique. J'ai toujours eu, pourquoi ne l'avouerais-je pas?... une prédilection marquée pour la musique sacrée; j'aime à entendre ces magnifiques instruments, ornements somptueux de nos cathédrales, qui valent tous les autres à eux seuls, et dont les mélodies puissantes et religieuses émeuvent si profondément par la plénitude du son et la magie saisissante des effets. Ce goût pour les orgues, je ne suis pas d'ailleurs le seul à le partager. Quel est celui d'entre vous qui ne s'est pas senti remué jusqu'au fond de l'âme en écoutant chanter dans nos vieilles basiliques ces instruments mélodieux, harpes divines que l'on dirait ravies aux concerts célestes. La musique sacrée a des séductions à l'attrait desquelles il est impossible d'échapper.

Elle seconde l'aspiration de l'âme humaine vers le beau, vers le bien infini; elle épure les sentiments en les dégageant de l'influence des intérêts matériels.

C'est déjà bien assez d'avoir ainsi violemment enlevé au culte catholique ses temples et ses autels, sans réduire presque à l'état d'ilotisme la partie de la population suisse qui appartient à cette communion. A Genève surtout les catholiques sont loin d'être traités en *enfants gâtés*. C'est à grand peine qu'ils ont obtenu une toute petite église, celle de Saint-Germain, et c'est en vain qu'ils réclament pour les ministres de leur culte le traitement légal auquel ces derniers ont d'incontestables droits. Il est en vérité étrange que le catholicisme soit persécuté dans une ville qui se targue de tant de libéralisme, tandis qu'en France où l'immense majorité est catholique, on traite avec tant d'avantage, disons mieux, avec tant de faveur, les pasteurs protestants. Pourquoi deux poids et deux mesures lorsqu'il s'agit de choses aussi respectables que les croyances religieuses ; pourquoi ne pas tenir la balance constamment égale entre des citoyens de culte différent, mais qui appartiennent au même pays et vivent à l'ombre du même drapeau.

Si nous le voulions bien, nous pourrions appuyer l'opinion sévère que nous émettons ici sur des faits dont la douloureuse réalité ne saurait être contestée par personne. Nous pourrions vous dire combien a été rude et difficile l'apostolat de ce vertueux élu du sacerdoce, le vénérable abbé Vuarin dont l'église de Genève, qui le voyait avec orgueil à sa tête, déplore aujourd'hui la perte. Nous pourrions, nous qui l'avons connu, nous qui avons eu le bonheur insigne de vivre dans son intimité pendant notre séjour à Genève, vous parler en parfaite connaissance de cause des chagrins cruels que lui ont causés ses démêlés incessants avec les autorités genevoises. Nous pourrions vous le montrer, lui si plein de charité et de foi, luttant contre leur mauvais vouloir avec un courage et une persévérance héroïques, et sacrifiant son patrimoine tout entier pour assurer aux catholiques de Genève, dont il était tout à la fois le pasteur et le père, les bienfaits de l'éducation religieuse et les soins toujours empressés de ces bonnes et admirables filles du Seigneur, les sœurs de St-Vincent-de-Paul, qui se dévouent avec une abnégation si grande et si chrétienne, dans nos hôpitaux, au service des malades.

IV.

Maintenant que me voilà sorti de Genève, et cette fois en compagnie de ces dames, quel chemin prendrons-nous?... Monterons-nous à bord de l'un de ces jolis et coquets bateaux à vapeur, le *Léman vaudois* et le *Winckelried*, qui font l'un et l'autre si rapidement le trajet de Genève à l'extrémité du lac, ou bien préférerons-nous la voie de terre?.... Cette dernière obtient toutes nos sympathies. Elle est plus agréable, et ces dames prétendent qu'elle est plus sûre. J'aime pour mon compte à tout voir et à bien voir ; et à bord d'un bateau à vapeur, les objets fuient devant vous avec une rapidité telle, que non seulement les détails, mais l'ensemble même vous échappent.

Avant de nous mettre en route, souffrez que je vous donne un tout petit conseil. Règle générale; n'adoptez jamais comme moyen de transport les voitures publiques, à moins toutefois que la chose ne vous soit matériellement impossible. Outre qu'il est fort ennuyeux et souvent fort désagréable de rester forcément, pendant des journées entières, en face de gens mal élevés et quelquefois grossiers, il est très-pénible aussi de ne pas pouvoir s'arrêter lorsqu'on le veut. D'abord, c'est un site qui s'offre à vous et dont vous n'apercevez que le profil gracieux ; puis des maisons bizarrement construites dont vous voudriez étudier l'architecture ; de l'autre côté de la route, sur la colline, apparaissent les ruines d'un château féodal ; dans la vallée, un couvent et une église que vous désireriez visiter; mais la voiture court toujours, et en un clin-d'œil, paysage, maisons, château-fort, couvent et église, tout a disparu. En voyage, il faut que l'équipage soit aux ordres du voyageur, et jamais le voyageur aux ordres de l'équipage. Ce principe une fois posé et accepté, la conséquence logique à en tirer est tout naturellement indiquée. Pour voyager agréablement et avec fruit, il faut prendre une voiture particulière. Vous pouvez alors vous arrêter devant chaque objet qui attire votre attention ou réveille un souvenir qui vous émeut. Ne vous imaginez pas cependant que cette façon aristocratique de voyager convienne aux élus de la fortune seulement; si je le voulais, je pourrais, bien que de prime abord cela sente un peu le paradoxe, vous prouver que voyager ainsi c'est voyager tout-à-la-fois agréablement, ce dont vous ne doutez pas, et même *économiquement*, ce dont vous doutez un peu plus. Suivez seulement le conseil que je vous donne, et je vous promets d'avance que vous aurez lieu d'en être satisfait.

Mais notre voiture commence à s'ébranler.

— Où veulent aller ces dames ?... dit le postillon, qui, en garçon galant et bien appris, commence déjà à ne plus me compter pour rien.

Une seule voix a répondu pour tous : « A Ferney. »

Nous voilà donc lancés sur la route qui conduit au château de Voltaire, dieu tombé, qu'on admire toujours comme écrivain, mais dont la philosophie sceptique et railleuse trouve aujourd'hui bien peu d'adeptes. Etrange rapprochement !........ C'est dans une humble maison que nait à Genève J.-J. Rousseau, le fils d'un horloger sans fortune, et c'est à quelques pas de cette ville seulement que vit dans une demeure seigneuriale, au milieu des jouissances du luxe et de l'opulence, Voltaire, le poète gentilhomme. Il y a dans l'existence de ces deux hommes, tous deux grands par le talent, tous deux célèbres par l'action puissante qu'ils exercèrent sur les esprits au XVIIIme siècle, un contraste fort remarquable. L'un, Voltaire, s'éteint doucement, saturé de plaisirs, d'honneurs et de renommée ;

l'autre, Rousseau, meurt pauvre et seul au monde, sans parents, sans amis pour adoucir ses derniers instants et lui fermer les yeux. Infortuné Rousseau ! Je le plains de toute mon âme, d'avoir ainsi vécu sans avoir su se faire aimer. La vie qu'est-elle sans un peu d'amour ?.... Etre aimé n'est-ce pas la gloire la plus douce et la plus digne d'envie ?... Ecoutez plutôt ces vers charmants de notre grand poète Victor Hugo :

Un peu d'amour, voilà le vrai fond de la vie !
 Le reste n'est *que haine*, ou *bien* que fausse envie.
  . . . .

Qu'on soit aimé d'un gueux, d'un voleur, d'une fille,
 D'un forçat jaune et vert, sur l'épaule imprimé,
 Qu'on soit aimé d'un chien, pourvu qu'on soit aimé !

On vous a déjà si souvent parlé de Ferney, que je ne sais en vérité plus trop que vous en dire. Dans les dernières années du XVIIIme siècle, alors que Voltaire y résidait plus habituellement, le château de Ferney était le rendez-vous de toutes les illustrations de l'Europe. Chacun voulait voir et saluer l'homme qui tenait en quelque sorte dans ses mains les destinées du monde philosophique et littéraire, et qui comptait au nombre de ses amis et de ses plus fervents admirateurs un roi, — et quel roi! — le grand Frédéric de Prusse, une impératrice, — et quelle impératrice! — Catherine de Russie, la *Sémiramis* du Nord. Les temps sont bien changés; l'homme n'est plus, et c'est à peine si vous rencontrez épars çà et là dans ce château, et au milieu de ces jardins et de ce parc dessinés et plantés par Voltaire, quelques vestiges oubliés qui puissent vous aider à pénétrer dans les mystères de la vie privée de l'auteur de la *Henriade* et de *Zaïre*. Rendons justice au propriétaire actuel du château de Ferney, M. le comte de Budé. Homme d'esprit et de goût, il a compris qu'il y a de ces lieux que le souvenir doit protéger contre le vandalisme inintelligent et barbare des mutilations. Rien n'a été changé non seulement dans la distribution, mais dans l'ameublement même des deux appartements que Voltaire habitait d'ordinaire, au rez-de-chaussée du château. La chambre à coucher et le salon qui la précède sont dans le même état où ils se trouvaient alors que Voltaire les occupait.

Ce que l'on vous a décrit au moins *deux cents* fois, — et je vous prie de croire que ce chiffre n'est point exagéré, — je suis forcé, pour l'acquit de ma conscience de touriste, de vous le décrire aussi. Mais, soyez sans nul souci, je me bornerai simplement à vous indiquer les objets au fur et à mesure qu'ils s'offriront à moi. Si vous tenez à avoir de plus longs détails, il vous sera très-facile de les trouver dans les relations diverses publiées par les nombreux voyageurs qui m'ont précédé dans *le pélerinage* de Ferney, car Voltaire a été pour quelques hommes l'objet d'une espèce de culte.

La décoration du salon est modeste, tellement modeste même, que le plus obscur rentier du Marais s'en contenterait à peine. Deux seuls objets ont appelé mon attention dans cet appartement ; d'abord un poêle en terre cuite vernie (faïence) dont la forme bizarre et contournée rappelle le genre *rococo*, que Mme de Pompadour avait mis en honneur à la cour de son auguste amant, le roi Louis XV ; puis au-dessus du chambranle de la porte qui conduit à la chambre à coucher, un tableau allégorique dont le sujet, par trop hyperboliquement louangeur, ne fait pas honneur à la modestie de Voltaire, qui, il est vrai de le dire, en avait fort peu.

Dans la chambre à coucher, l'ameublement est pour le moins aussi modeste que celui du salon que nous venons de quitter ; jugez-en plutôt vous-même. Dans le fond, un lit qui mérite à peine ce nom, depuis surtout que les rideaux de lampas vert qui l'enveloppaient ont été mis en lambeaux et emportés pièce à pièce par quelques-uns de ces dévots fanatiques qui sacrifient encore au culte oublié de Voltaire ; à côté du lit, le portrait de Voltaire à quarante ans, jolie toile traitée avec conscience, *con amore*, comme disent les Italiens, et dont je regrette sincèrement de ne pas connaître l'auteur; vis-à-vis, celui de Mme Duchâtelet, que la marquise de Créqui, cette vieille de tant d'esprit, appelle dans ses mémoires *la grande Emilie;* puis celui du roi Frédéric de Prusse; enfin le portrait en tapisserie de l'impératrice Catherine, brodé de sa main impériale, et donné par elle au célèbre philosophe; près de la fenêtre entr'ouverte, d'où le regard embrasse à la fois les jardins et le parc du château et cette riche plaine de Ferney, si magnifiquement encadrée par les montagnes qui la bornent à l'horizon, le monument aujourd'hui à demi brisé, que la marquise de Villette avait destiné à servir de tombeau au cœur de son père adoptif; et au-dessus, entre les portraits de Franklin et de Delille, celui de l'infortuné Calas. Ce dernier portrait est, à mon avis, bien à sa place dans la chambre à coucher de celui qui contribua si puissamment par ses éloquents mémoires à ce mémorable arrêt du 9 mars 1765, qui réhabilita la mémoire de cette noble et intéressante victime des erreurs de la justice humaine. Placez maintenant au centre de la chambre une table de travail, et devant cette table un de ces bons fauteuils au dossier renversé, et aux longs et larges bras rembourrés, dont, grâce à Voltaire qui les avait adoptés de préférence à tous autres, la forme confortable s'est conservée jusqu'à nous, et vous aurez dans son ensemble et dans ses plus minutieux détails, la distribution et l'ameublement des deux appartements de prédilection du patriarche de Ferney.

Je n'ai pas voulu sortir sans jeter un coup-d'œil rapide sur les pages d'un cahier en forme de registre que j'ai vu tout ouvert sur l'ancienne table de travail de Voltaire. J'ai vainement cherché, au milieu de cette immense quantité de signatures inconnues qui le couvrent, un nom de connaissance. J'allais le fermer, lorsqu'il m'a semblé apercevoir le nom d'Alphonse Karr, le spirituel auteur de *Geneviève*, de *Clotilde* et des *Guêpes*, ce charmant recueil mensuel qui doit la faveur populaire dont il est si justement en possession à ceci surtout qu'il est essentiellement français, et que seul peut-être de nos jours, parmi toutes les publications du même genre qui se sont élevées à côté de lui, il nous conserve la tradition de ces piquants mémoires qne nous ont laissés nos grands pères et qui éclairent pour nous d'une façon si curieuse l'histoire familière des temps passés.

Nous sommes descendus dans le jardin, et cette fois nous n'avons plus pour cicérone un valet de chambre important et bavard, mais un vieux jardinier qui date du temps où feu M. de Voltaire exerçait à Ferney les droits et les prérogatives de seigneur.

Chaque pas que nous faisons dans ce jardin, éveille au cœur de ce vieux serviteur un souvenir dont il s'empresse aussitôt de nous faire part : « c'est ici, » nous dit-il en nous montrant l'épaisse charmille sous laquelle Voltaire aimait tant à se promener, « qu'est arrivée l'aventure de Gibbon; » et le bon vieillard s'est mis aussitôt à nous raconter cette plaisante histoire que vous connaissez tous et dont très-certainement je n'aurai pas la maladresse insigne de vous donner après lui une nouvelle édition.

— Qui a tracé le dessin de ce joli cabinet de verdure?

— C'est, *monseigneur*, nous répond-il en s'inclinant profondément.

— Qui a si bien distribué ces jardins, amené de si loin ces eaux, planté ces beaux arbres dans les allées de ce parc, ménagé si habilement ces délicieux points de vue?

— *Monseigneur*, toujours *monseigneur*.

Vous le voyez, pour ce vieux serviteur, la révolution de 1789 est absolument comme non avenue. Le temps n'a point affaibli son amour et son respect pour celui qui fut son bienfaiteur et son maître. Ne vous étonnez pas trop si ce bon peuple de nos campagnes que la civilisation n'a pas encore touché de son empreinte, conserve des sentiments de vénération et d'estime pour les représentants des anciennes familles. Ce n'est pas à lui que vous persuaderez facilement que ces hommes d'autrefois sont nés ses ennemis. Que lui importent tous les droits politiques que vous lui avez accordés ?...... Ce qu'il lui faut, ce qu'il désire par-dessus tout, c'est le bien-être matériel, et les changements multipliés que votre gouvernement a subis depuis près de cinquante ans ne le lui ont certes pas donné. Comment voulez-vous qu'en présence des rudes épreuves que vous faites chaque jour peser sur lui, il ne songe pas quelquefois à ces temps où il vivait si tranquille et si heureux à l'ombre des hautes tourelles du château ?... Aujourd'hui que l'ouragan révolutionnaire a brisé cette providence de la chaumière, et que la noblesse, qui savait si bien trouver et toujours si généreusement secourir l'infortune, n'est plus qu'un souvenir glorieux dans l'Etat, que lui reste-t-il ?.... L'hôpital s'il est malhenreux, ou le bagne si la misère l'a conduit au crime.

Nous avons voulu voir l'église *élevée à Dieu* par Voltaire, ainsi que le porte l'inscription latine gravée au frontispice : *erecta Deo est.* Quelques réparations l'auraient préservée de la ruine qui la menace, mais le conseil de fabrique de la paroisse de Ferney a cru devoir l'abandonner et la remplacer par cette église sans caractère que l'on trouve à l'entrée du village. Si j'avais eu l'honneur d'être membre du conseil de fabrique, j'aurais très-certainement opiné en faveur de la conservation et de la restauration complète de la vieille église. Est-ce parce qu'elle date de plus loin, ou bien parce que le souvenir de Voltaire qui a tant blasphémé contre la religion catholique se rattache à sa construction ?..... : Peut-être est-ce un peu à cause de tout cela.

Nous ne songions déjà plus à notre vieux jardinier, lorsque nous l'avons aperçu qui nous cherchait en courant, portant à la main divers objets que l'éloignement ne nous a pas tout d'abord permis de distinguer. « Si c'étaient des fleurs?.... » disaient ces dames, « oh! mais ce serait charmant. » Ce n'étaient pas des fleurs ; c'était, devinez quoi ?....

Un bonnet de soie grise rehaussé de broderies d'or et d'argent et une perruque qui avaient appartenu à feu M. de Voltaire Le vieux bonhomme avait cru, dans sa naïve admiration pour son ancien maître, que nous devions éprouver au moins autant de bonheur que lui à contempler ces débris de sa toilette, saintes reliques devant lesquelles il se mettrait volontiers à deux genoux.

— C'est monseigneur qui me les a donnés, nous disait-il en les étalant devant nous avec complaisance et orgueil, et c'est là un bel héritage que je laisserai à mes enfants.

Si j'étais à la place de ces derniers, je n'accepterais une pareille succession que sous bénéfice d'inventaire. Une perruque, fût-ce même celle dont Louis XIV se parait dans les grands jours de cérémonie, n'est en définitive qu'une perruque, c'est-à-dire quelques mauvais cheveux cousus sur un canevas en fils de soie.

Enfin nous avons quitté Ferney. — Nos chevaux excités par les coups de fouet et les *houp!* répétés du postillon, franchissent rapidement l'espace qui nous sépare de la montagne qui s'étend devant nous comme un immense rideau jeté entre la France et la Suisse. Nous distinguons encore de loin le château ; au premier tournant sa silhouette déjà indécise commence à s'effacer derrière les grands arbres de son parc, et arrivés au sommet de la montagne, ce n'est plus qu'un point noir perdu au milieu des vastes plaines du pays de Gex.

Il y a une heure à peine nous visitions le château de Voltaire, et maintenant c'est à la porte de la demeure de Mme de Staël que nous allons frapper. Oh ! permettez-nous, avant d'arriver à Coppet, dont nous apercevons les blanches maisons au-dessous de nous, sur les bords du Léman, de nous arrêter pendant quelques instants devant les splendeurs du spectacle qui s'offre à nos regards. Sous nos pieds, le long des pentes de la montagne, au milieu des prairies, des jardins, des champs et des bois, les délicieuses habitations de Varambé, de Beaulieu, de Genthod, de Pregny, de Penthe et de Chambeisy ; à notre droite, toute la ville de Genève, magnifique amphithéâtre couronné par le haut clocher de Saint-Pierre ; à notre gauche, entre les montagnes de la Suisse et de la Savoie, le Léman, toujours le Léman ; devant nous, sur la rive opposée, tout le pays compris entre Genève et Thonon, jolie petite ville de Savoie dont l'aspect antique et bizarre fixe tout d'abord l'œil du voyageur ; et là bas, bien loin, au-dessus des Alpes du Chablais, le triple sommet couvert de neige du Mont-Blanc, géant de granit, chef d'une famille de quatre cents glaciers qui lui font face dans le Tyrol, dans la Suisse, dans la Savoie et dans les Alpes du Dauphiné.

Que la réalité est donc une triste et douloureuse chose !.... me disais-je en traversant la cour d'honneur du château de Coppet. J'avais rêvé une sombre demeure féodale, avec ses tours, ses créneaux, son donjon et tout son noir cortége de mystères et d'horribles légendes, et voilà que je ne trouve plus devant moi qu'une de ces grandes maisons carrées bien propres et bien luisantes, heureuses habitations de l'opulence retirée du monde des affaires commerciales. C'en est fait, je ne rêve plus. Mais pour nous autres pauvres artistes et poètes, rêver n'est-ce pas vivre?.... Que deviendrions-nous tous, grand Dieu! si nous étions condamnés à voir dans leur triste et désolante réalité les hommes et les choses?... La vie, sans un peu, sans beaucoup même d'illusion, qu'est-elle?.... La plus sotte et la plus ennuyeuse chose qui soit au monde.

Nous n'avons pas pu, à notre grand regret, visiter le château de Mme de Staël avec autant de soin que nous l'aurions voulu. M. le duc de Broglie, son gendre, y était arrivé la veille avec toute sa famille, et c'eût été manquer aux convenances les plus élémentaires, que d'insister auprès de lui pour obtenir l'ouverture de tous les appartements. Son obligeance pour nous a été cependant excessive, et il me permettra, je l'espère, de lui exprimer ici, au nom de ces dames et au mien, toute notre reconnaissance. M. le duc de Broglie est du petit nombre de ces hommes qui ont su conserver au milieu du laisser aller et du sans façon de la société actuelle, ces mœurs austères et ces habitudes sévères et presque puritaines qui éloignent quelquefois l'affection mais qui commandent toujours le respect et l'estime. Pour aimer un homme, il faut le connaître depuis longtemps, avoir vécu en quelque sorte dans son intimité; pour l'estimer, il suffit souvent de le voir et de l'entendre une seule fois. M. le duc de Broglie me croira, si je lui dis que mes regrets sincères l'ont suivi dans la retraite politique à laquelle il semble vouloir se condamner. Des hommes du nom de Broglie, de Molé, de Barante et de Salvandy, se doivent tout entiers à l'administration et à la direction des affaires publiques. Dans les temps malheureux où nous sommes, c'est une consolation et une garantie pour les honnêtes gens de toutes les opinions, de voir à la tête du gouvernement des hommes aussi recommandables et aussi distingués.

S'il ne nous a pas été permis de visiter en entier

l'intérieur du château de Coppet, nous avons pu en revanche parcourir tout à l'aise le parc et ses dépendances. J'aurais bonne envie de chercher querelle à ce parc, car en vérité il m'est impossible de donner ce nom à ce jardin et aux deux promenades qui l'entourent; mais comment songer à s'occuper d'une aussi puérile discussion de mots, alors qu'autour de nous tout nous rappelle le souvenir de la femme célèbre qui n'eut de son sexe que les faiblesses et le nom ?

N'est-ce pas à Coppet qu'a été composé ce charmant roman de *Delphine* dont on n'a plus le courage de blâmer les funestes tendances, lorsqu'on se rappelle qu'il fut écrit pendant la période révolutionnaire, alors que les événements se pressaient avec une si effrayante rapidité et que tant de causes différentes se réunissaient pour exalter l'imagination des écrivains?... N'est-ce pas à Coppet, en se promenant peut-être dans ces ombreuses allées que nous parcourons, que Mme de Staël conçut et arrêta le plan de *Corinne*, cet admirable ouvrage dans lequel il n'y a pas une seule ligne qui ne soit écrite avec l'émotion la plus vive et la mieux sentie?.... Mais à ces jours de calme et de bonheur ont succédé des jours d'orage. Le livre sur l'*Allemagne* a paru, et la colère de Napoléon ne connaît plus de bornes. Dans ce livre qui vient de révéler pour la première fois ce qu'il y a de sérieux et d'élevé dans le talent de son auteur, l'empereur a cru trouver la censure indirecte des actes de son gouvernement. Les dix mille exemplaires de la première édition sont anéantis, et Mme de Staël reçoit l'ordre de quitter la France dans les vingt-quatre heures. Résister n'était pas chose humainement possible; elle partit, et les derniers jours du mois d'octobre de l'année 1810 la trouvèrent à Coppet, triste, mais non découragée. L'empereur avait bien pu, par un acte de son omnipotente et tyrannique volonté, la condamner à l'exil; mais il n'était pas en son pouvoir de lui enlever ses admirateurs et ses amis. Pas un seul de ces derniers ne fit défaut à sa mauvaise fortune. Un moment même fut où elle put se croire à Paris, au milieu de ce monde d'élite qu'elle aimait tant : n'avait-elle pas auprès d'elle son meilleur ami, le vénérable duc Mathieu de Montmorenci, et la fidèle compagne de son exil, la belle madame Récamier?...

Ce sont tous ces souvenirs qui font de Coppet un lieu si curieux et si intéressant à visiter. Chassez-les un à un, et vous rendez à l'obscurité et à l'oubli le château et la petite ville qui est couchée à ses pieds.

Avec Coppet, que nous venons de quitter, commence le canton de Vaud. Vous devez être déjà las des dissertations sans fin auxquelles je me suis jusqu'à présent trop facilement laissé entraîner ; vous me permettrez donc d'être désormais moins prodigue d'observations et plus sobre de paroles surtout.

Je vous ai promis la description des deux rives du Léman, et cependant je ne vous ai encore parlé que de la rive droite. C'est qu'il y a fort peu de chose à voir sur la rive gauche. Mais comme il n'entre point dans mes habitudes de décliner la responsabilité des engagements que je contracte, je vous indiquerai du doigt, en parcourant la rive suisse, les points les plus importants de la rive de Savoie.

La première ville que l'on rencontre de Coppet à Lausanne, c'est Nyon, dont l'origine remonte à la conquête de l'Helvétie par les Romains. Le château gothique qui la domine, son heureuse position sur les bords du lac, les sites pittoresques et variés qui l'environnent, en font un lieu très-agréable à habiter.

Après Nyon, vient Rolles, ville moins ancienne mais tout aussi jolie. C'est entre cette dernière ville et Thonon, assis en regard sur la rive de Savoie, que le lac acquiert sa plus grande largeur, trois lieues et demie.

Thonon est le chef-lieu de la province du Chablais. Sa population ne dépasse pas quatre mille âmes, et il est peu présumable qu'elle atteigne jamais un chiffre plus élevé. C'est dans cette ville que saint François-de-Sales donna au commencement du XVIIme siècle, un si noble et si touchant exemple de courage et de dévouement évangéliques. Il refusa les secours militaires que le souverain voulait mettre à sa disposition pour l'aider dans la conversion des habitants de Thonon, qui avaient presque tous abandonné le culte catholique pour embrasser lé schisme réprouvé de Luther et de Zwingle, et vint seul, au milieu de cette population qui voyait en lui un ennemi et un oppresseur de sa foi nouvelle. Sa piété si fervente et si vraie, sa douceur si grande et son inépuisable charité lui gagnèrent d'abord tous les cœurs, et lui rendirent facile l'accomplissement de la tâche glorieuse qu'il avait entreprise. Ce que n'aurait certainement jamais obtenu le souverain avec les forces militaires dont il pouvait disposer, saint François-de-Sales l'obtint sans employer d'autres armes que la persuasion. Pas un seul des habitants de Thonon ne résista à la parole entraînante du saint prélat. A sa voix, ils rentrèrent tous dans le giron de l'église catholique dont ils ne se sont jamais plus éloignés depuis cette époque.

N'oublions pas Morges, qui offre toute l'élégance et tout le mouvement d'une grande cité. Le nom de cette ville vient de me rappeler des souvenirs qui marqueront éternellement dans mes jours les plus heureux. C'est que vous ne savez pas quelle joie immense c'est pour l'homme dont les douloureuses expériences de la vie ont à jamais brisé le cœur, de voir apparaître tout-à-coup à côté de lui, au milieu du bruit et des énivrements d'une fête, une jeune fille, belle, aimable, et le cœur plein de ces gracieuses et chastes illusions, hélas! si tôt fanées. Oh! bénie soit-elle! Car elle m'a réconcilié avec l'amour, ce sentiment de bonheur et d'espérance que je croyais pour toujours éteint en moi, et qui s'est réveillé plein de jeunesse et de fraîcheur sous le charme séduisant de son regard et de son sourire. Lorsque ces lignes que je ne puis encore tracer sans émotion lui parviendront, elle aura complètement oublié sans doute même le nom de celui qui les a écrites. Je ne pouvais malheureusement rien pour son bonheur, et j'aurais été le plus vil des hommes, si je lui avais dit que je l'aimais. Elle est mariée aujourd'hui, et les douces joies de la maternité en lui imposant de graves et sérieux devoirs, ont remplacé pour toujours chez elle les rêves de la jeune fille.

Nous n'avons plus maintenant que quelques pas à faire pour arriver à Lausanne, le chef-lieu, ou, si vous ne trouvez pas la qualification trop prétentieuse, *la capitale* du canton de Vaud. Déjà la flèche élancée de sa cathédrale se dessine sur la hauteur; encore un tour de roue et nous entrons dans Lausanne.

Lausanne ressemble à toutes les autres villes de la Suisse. Ce que je vous dirais ne serait donc que la reproduction exacte, le calque fidèle, de ce que je vous ai déjà raconté de Genève. Même propreté, même air de calme et de bonheur, mêmes égards, et mêmes soins pour le public et les étrangers. Je m'étais imaginé, je ne sais en vérité trop

LAUSANNE.

pourquoi, que cette ville était bâtie sur les bords du lac, et j'ai été tout étonné de la voir pittoresquement assise à quatre cent cinquante pieds au-dessus du Léman, entre les riches vignobles qui couvrent depuis la base jusqu'au sommet le versant méridional du Jorat.

Si vous voulez voir dans son ensemble le magnifique aspect qu'offre Lausanne, descendez à Ouchy, ou, ce qui vaut mieux encore, traversez le lac et arrêtez-vous à Evian, sur la rive de Savoie. Voyez comme, dans ce magique tableau qui se déroule devant vous, tout est plein de vie, de variété et de fraîcheur?.... Au milieu, la ville de Lausanne avec ses maisons blanches et coquettes ; puis tout autour, semblables à une verte ceinture, les promenades si vantées de Montbenon, et les délicieuses retraites de la forêt de Sauvabelin et du Signal ; et éparses çà et là sur le revers des collines, les riantes maisons de campagne de Villamont, de Monrepos, de la Rosière, des Mousquines et de Bellevue.

Evian est une petite ville du Chablais dont on s'occuperait fort peu, si le voisinage des eaux ferrugineuses d'Amphion, — pourquoi ce nom poétique? — qui sourdent dans un riche pavillon bâti au milieu d'une oasis de verdure et de fleurs, à quelques pas d'un bosquet enchanté où croissent pêle-mêle les arbustes les plus rares et les plus variés, n'en faisait pas, pendant la belle saison, le rendez-vous d'une société élégante et choisie. Le roi de Sardaigne, Charles-Albert, venait de quitter cette ville au moment où nous y arrivions, et je vous laisse à penser le mouvement et le bruit qu'avait occasionnés dans Evian le séjour d'un hôte aussi illustre.

Pendant que revenu d'Evian à Lausanne, nous déjeûnons à l'hôtel Gibbon, le domestique est allé nous chercher un cicérone pour nous faire les honneurs de la ville. Vous connaissez les habitudes tant soit peu vagabondes que j'ai adoptées en voyage depuis quelque temps, jugez donc si mon désappointement dut être grand, lorsque je vis entrer dans le salon ce cicérone que je n'avais point fait appeler. Je me serais mis en colère sans doute et j'aurais impitoyablement renvoyé l'importun, si je ne me fusse souvenu à temps que je n'étais pas seul, et que ma volonté ne devait pas faire loi.

Ces dames sont rentrées dans leur appartement pour réparer le désordre de leur toilette, et je reste seul dans le salon avec le cicérone, bien décidé à ne pas lui adresser la parole. Depuis mon voyage en Italie, j'ai pris en aversion tous les cicéroni en général, et les cicéroni italiens en particulier. Je ferais mille lieues pour éviter un seul de ces derniers. C'est que vous ne sauriez croire à quel point ils sont indiscrets, ennuyeux et bavards.

Le cicérone qui s'est aperçu de l'éloignement que je manifeste pour lui, s'approche de moi, et me dit avec une émotion qu'il cherche vainement à dissimuler.

— Puisque j'ennuie monsieur, je me retirerai. Il y a quelques années, j'exerçais la noble profession de soldat ; mais les temps sont devenus malheureux, et, pour vivre, j'ai été obligé de me faire l'humble valet de tout le monde.

— Vous étiez soldat, lui ai-je répondu vivement ; en France peut-être ?

— Oui, monsieur, je servais dans les régiments suisses capitulés.

— Et vous avez quitté ce pays ?

— En 1830, quand la couleur du drapeau a changé.

L'antipathie fait aussitôt place à la sympathie la plus vive. Je n'ai plus devant moi qu'un brave et fidèle soldat dont je tiens à honneur de serrer la main. Pauvres Suisses ! à quoi leur a servi le courage et le dévouement dont ils ont donné tant d'éclatantes preuves ! Au dix août, ils se faisaient tous tuer pour protéger contre la populace révoltée, les jours du roi Louis XVI et de son auguste famille ; et à trente-huit ans de distance, nobles champions de la même cause, ils mouraient non moins héroïquement en défendant le Louvre.

Je mets en fait que sept heures nous ont suffi pour voir tout ce qu'il y a de réellement curieux et intéressant à visiter à Lausanne. Et cependant nous avons tout examiné avec les plus grands détails.

D'abord la cathédrale, somptueux et gigantesque édifice qui domine la ville, et à laquelle on n'arrive qu'après avoir gravi les marches usées d'un interminable escalier. Cette cathédrale, qui est regardée avec raison comme une des plus belles églises de l'Europe, a été fondée en l'an 1000, par l'évêque Henri, et consacrée en 1275, en présence de Rodolphe de Habsbourg, par le pape Grégoire X, qui s'arrêta tout exprès à Lausanne, à son retour du Concile général qu'il avait convoqué à Lyon. Son existence religieuse ne date donc que de cette dernière époque.

J'étais d'autant plus désireux de la visiter, qu'à part ses milles colonnes fines et légères, ses vitraux, son superbe jubé de marbre noir, et ses tombeaux des anciens évêques de Lausanne et du pape Félix V, duc de Savoie, je croyais y en trouver un plus récent, fait par le célèbre Canova. J'espérais un chef-d'œuvre pour le moins égal à cet admirable mausolée d'Alfieri, devant lequel je m'étais arrêté pendant si longtemps en parcourant l'église de *Santa Croce*, à Florence. Ma douleur fut grande, lorsqu'au lieu d'un chef-d'œuvre, je ne trouvai plus qu'un monument sans noblesse et sans caractère, signé d'un nom qui n'était certes pas celui de Canova. Je n'avais pas besoin de cette indication pour m'apercevoir qu'il n'y avait aucune parenté même éloignée entre l'auteur du tombeau de lady Henriette Stratford Canning et celui du mausolée d'Alfieri, ce magnifique témoignage de la douleur de la comtesse d'Albani, l'amie de l'illustre poète. J'avais cependant trouvé ce renseignement dans le *Guide en Suisse*, de Richard. Et puis, croyez bénévolement à l'exactitude et à la véracité de ceux qui prétendent ainsi vous guider! S'il avait un seul moment rapproché ce monument, qu'il a si sottement attribué à

Canova, du groupe de *Thésée assis sur le Minotaure vaincu*, du *Mausolée du pape Clément XIV*, de celui de *Marie Christine, archiduchesse d'Autriche*, de celui encore d'*Alfieri*, et de cette ravissante statue de *Madeleine repentante*, que le gouvernement français n'aurait jamais dû commettre la faute de laisser acheter par un simple particulier, il aurait bien vite compris que le ciseau qui avait donné la vie de l'art à ces admirables chefs-d'œuvre, n'avait pas pu produire cette chose sans nom, où reposent les restes mortels de la femme de l'ancien ambassadeur d'Angleterre près la république helvétique.

En sortant de la cathédrale, nous avons voulu visiter aussi l'église peu remarquable de Saint-François, nous souvenant que sous ses voûtes se tinrent en 1449, après son transfert à Lausanne, les dernières séances du concile de Bâle.

Nous avons entrevu l'ancien palais épiscopal; je dis *entrevu*, car il ne nous est pas venu à la pensée de visiter un édifice qui, depuis qu'il n'y a plus d'évêque catholique à Lausanne, est dépouillé de tout prestige et privé de tout intérêt. Cet édifice qui a été bâti au commencement du XVme siècle par l'évêque Guillaume de Challent, servit d'abord de résidence aux évêques de Lausanne. Plus tard les baillis Bernois y firent leur demeure. Aujourd'hui ce sont les élus du conseil cantonnal qui y siégent.

Nous avons entrevu aussi le château, assez maigre construction dont l'antiquité ne va pas au-delà du treizième siècle; ses tourelles en briques m'ont un peu rappelé le château de Saint-Germain, où le roi Jacques II d'Angleterre reçut la splendide hospitalité de Louis XIV.

L'hôtel de ville, construit en 1554, n'a ni l'ampleur ni la majesté imposante et sévère de celui de Genève. Il ne possède pas surtout, comme ce dernier, un escalier se déroulant de la façon la plus pittoresque et la plus originale en un plan incliné qui a son point de départ à la base et son point d'arrivée au faite de l'édifice. Mais il est assez vaste pour que l'administration cantonnale ait pu y réunir la bibliothèque publique commencée en 1549, le musée et les cabinets de médailles et d'histoire naturelle.

La chaleur est devenue accablante depuis quelques instants, et ces dames veulent rentrer à l'hôtel. Je les y accompagne, et puis je me remets à courir seul dans les rues de Lausanne.

Qu'ai-je encore à voir de si essentiel?...... Ah ! j'oubliais.... et la maison de Gibbon donc ? — Je frappe discrètement deux coups à la porte, et une servante au sourire fin et au regard éveillé vient m'ouvrir.

— Peut-on visiter la maison de Gibbon ?

— Oui, monsieur, me répond-elle avec une politesse qui tout d'abord me ravit et m'enchante.

— Veuillez bien, je vous en prie, me conduire dans son cabinet de travail.

Je marche sur les traces de la servante qui me précède d'un pas vif et délibéré, et après avoir descendu les degrés d'un escalier, j'arrive, devinez où?... dans un jardin.

— Ah! lui dis-je en riant, c'est là que Gibbon travaillait?.... en été sans doute?

— Dame, monsieur, en hiver aussi, me répond-elle avec un sang-froid qui ressemble furieusement à de l'impertinence.

— En hiver! vous plaisantez sans doute?

— Eh! non, monsieur, je ne plaisante pas; seulement alors on y faisait du feu.

Pour le coup je n'y tiens plus ; et j'allais dans un moment de vivacité et de mauvaise humeur, lui rappeler que ce n'est pas impunément qu'on se joue ainsi d'un galant homme. Mais elle s'échappe en riant, et toute ma colère tombe devant ce rire goguenard si franc et si naturel.

Il n'y a plus rien dans la maison de Gibbon qui y rappelle le souvenir du célèbre auteur de l'*Histoire philosophique de la décadence et de la chute de l'empire romain*. On montre bien, il est vrai, dans le jardin un arbre qui a été planté, dit-on, par l'illustre historien; mais comme cet arbre est entouré de plusieurs autres arbres de même taille et de même espèce, il en résulte nécessairement un peu de confusion. Si, comme moi, vous tenez à ne pas être pris pour dupe, soutenez hardiment que Gibbon les a tous plantés.

Le fouet du postillon retentit; et nous partons pour Vevey. Nous marchons pendant près de deux heures, encaissés entre des murailles dont l'aspect froidement monotone attriste le regard et resserre le cœur. Mais peu à peu les murailles disparaissent et l'horizon s'élargit. A notre gauche, la montagne se couvre de vignobles dont la riche et merveilleuse culture fait l'admiration de tous les voyageurs qui parcourent cette partie du canton de Vaud; et à notre droite, à quelques pas au-dessous de nous, le lac pousse vers la rive ses eaux agitées par le vent qui souffle dans les montagnes du Valais.

C'est une ravissante ville que Vevey, avec ses places spacieuses, ses promenades plantées de beaux arbres, ses rues tirées au cordeau et où l'air circule avec une liberté si entière, ses maisons élégantes ; son nouvel hôtel pour les voyageurs, construction qui date de quelques années à peine, et dont rien n'égale les somptueux aménagements, même en Suisse où cependant ces sortes d'établissements ont atteint un degré de perfection si remarquable ; enfin, sa vieille église, de la terrasse ombreuse de laquelle l'œil charmé contemple un horizon aux proportions grandioses et aux accidents saisissants de variété, de relief et de couleur.

La première chose que j'ai demandée, en arrivant au hameau de Clarens, c'est les bosquets dont Rousseau a fait une si gracieuse description dans la *Nouvelle Héloise*. Personne n'a pu me les indiquer. C'est qu'ils n'existent réellement qu'à une demi-lieue de là, auprès du château de Châtelard.

Rousseau n'a rien exagéré ; les bosquets sont délicieux ; mais les jardins qui leur servent de ceinture le sont bien davantage encore. Il y a dans ces jardins, dessinés par une main habile, une abondance et un luxe de fleurs véritablement éblouissant. Quel est celui d'entre nous qui n'aime pas à voir, à sentir, à toucher cette douce et attrayante chose qu'on nomme une fleur ? Mais qu'est-ce qu'une fleur ? Si jamais savant botaniste ou amateur fut embarrassé, ce fut certainement le jour où on lui demanda la définition de la fleur.

Que de choses ont pourtant été dites sur les fleurs ; de combien d'amour elles ont été entourées ! Que de belles et séduisantes pensées on leur a fait exprimer !.... de quels parfums ne les a-t-on pas enveloppées ! que de gracieuses et poétiques légendes ont été faites avec elles !

Le poète vous dira : la fleur c'est cette parure délicieuse que les plantes revêtent dans leurs beaux jours, aux heures de séduction, lorsque réchauffées par un brillant rayon du soleil, elles livrent aux folles brises de l'air les parfums suaves qui s'exhalent de leur corolle embaumée. L'adolescent dont l'amour a effleuré du bout de l'aile le jeune et tendre cœur, vous dira : ma bien aimée est une fleur; son teint a la blancheur du lys, ses lèvres la fraîcheur et le doux incarnat de la rose, ses yeux le bleu d'azur du mélancolique myosotis. Le botaniste, l'homme de science enfin qui ne voit dans la fleur que des organes fécondateurs et reproducteurs accompagnés de leurs enveloppes, vous dira dans son langage prosaïque et un tant soit peu barbare : la fleur est composée d'un calice, d'une corolle, d'étamines et de pistils; elle est une partie locale et passagère de la plante qui précède la fécondation du germe et dans laquelle ou par laquelle elle s'opère.

Rangeons-nous à l'opinion de notre maître à tous, le chantre divin d'Atala et de Réné, car nous aussi nous avons quelquefois nos heures de poésie et d'amour, et répétons avec lui : « la fleur donne le « miel, elle est la fille du matin, le charme du « printemps, la source des parfums, la grâce des « vierges, l'amour des poètes; elle passe vite, comme « l'homme, mais elle rend doucement ses feuilles

« à la terre. Chez les anciens, elle couronnait la
« coupe du banquet et les cheveux blancs du sage.
« Les premiers chrétiens en couvraient les martyrs
« et l'autel des catacombes ; aujourd'hui, et en
« mémoire de ces antiques jours, nous la mettons
« dans nos temples. Dans le monde nous attri-
« buons nos affections à ses couleurs, l'espérance
« à sa verdure, l'innocence à sa blancheur, la
« pudeur à sa teinte rose. »

Nous cheminons toujours, et cette fois c'est le livre de Rousseau à la main que nous parcourons l'espace compris entre Clarens et Chillon.

La route offre l'aspect gracieux d'un sentier se déroulant en méandres imprévus, et longeant tour-à-tour d'un côté les eaux du lac, de l'autre des prairies, des bois et des cottages coquettement penchés aux flancs des collines. Tous les poètes, même les plus épris du bruit de l'arène et de la poussière brûlante du grand chemin, aimeraient un pareil sentier, où rien ne vient déranger l'attitude tranquille de la rêverie. Horace y aurait cherché des strophes pour ses odes ; Anacréon y serait venu cueillir des roses pour couronner sa muse et ses cheveux blancs ; les lakistes anglais y donneraient les plus doux rendez-vous à leur muse ; et tous ces rossignols du poétique et rêveur *Eden* allemand ne composeraient point ailleurs les bouquets odorants qu'ils appellent du doux nom de *lieders*.

Chaque pas que nous faisons dans ce sentier nous rapproche du lieu où Rousseau a placé la catastrophe de sa nouvelle Héloïse. Vous connaissez tous cette scène émouvante où Julie, voulant retirer du lac un de ses enfants qui se noyait, tomba elle-même dans les flots. Cet accident eut les suites les plus graves, puisqu'il détermina une maladie violente qui, au bout de peu de jours, emporta et ravit pour toujours à sa famille et à ses amis cette femme charmante, victime ainsi de son dévouement maternel.

Le paysage s'est subitement assombri ; les montagnes du Valais qui encadrent sur une longueur de trente quatre lieues et une largeur moyenne de dix lieues la belle vallée de ce nom, vestibule gigantesque creusé à travers le granit et les glaces, par l'action violente des eaux du Rhône, à l'entrée de la Suisse, du Piémont et de l'Italie, se rapprochent, et le bruit du Rhône, qui se précipite dans le lac pour ne plus reparaître qu'à Genève, arrive jusqu'à nous. De l'autre côté du Léman, les noirs rochers de Meillerie, qui ont vu l'horrible désespoir de Saint-Preux, et sur lesquels l'œuvre cyclopéenne de Napoléon, la grande route du Simplon, a promené son impitoyable niveau, s'avancent mais moins affreux et moins menaçants qu'au temps où Rousseau les gravissait d'un pied si leste et si joyeux, et le château de Chillon, fièrement assis sur sa base de granit, semble braver le lac dont les eaux amoncelées sous ses épaisses murailles accusent une profondeur de près de huit cents pieds.

Encore un monument qu'ils ont eu le triste courage de blanchir. Décidément ces gens là poussent la propreté jusqu'à la sottise. Pourquoi ne pas avoir conservé au château de Chillon cet aspect sombre qui convenait si bien aux souvenirs terribles que ses murs rappellent, et à sa position pittoresque au milieu du paysage montagneux et violemment accidenté qui l'environne?

L'histoire de François Bonnivard est écrite en lettres de sang sur les murs du château. La lutte qu'il avait engagée dans l'intérêt de la liberté et de la gloire de Genève, sa patrie d'adoption, contre le duc de Savoie et l'évêque de Genève, fut vive et opiniâtre. La fortune n'a pas toujours souri à ses efforts. Deux fois la trahison l'a fait tomber aux mains de son plus cruel ennemi, le duc de Savoie. Il languissait depuis plus de six années dans le château de Chillon, et rien ne lui laissait prévoir encore le terme de sa douloureuse captivité, lorsqu'en 1536, les Bernois vainqueurs envahirent le canton de Vaud, forcèrent les portes du château de Chillon et brisèrent les chaînes de l'illustre captif.

Il revint à Genève, et il trouva cette ville dans les conditions de liberté et de réformation religieuse qu'il avait toujours si ardemment désirées pour elle. La nouvelle république voulut donner à ce courageux citoyen un témoignage public de sa vive reconnaissance. Les plus grands honneurs lui furent accordés, et il reçut, avec le titre de bourgeois de la ville, le diplôme d'une pension viagère de deux cents écus d'or.

Le château de Chillon, qui est devenu aujourd'hui l'arsenal militaire du canton de Vaud, servit d'abord de forteresse, ensuite de prison destinée aux réformateurs religieux du XVIe siècle, puis il fut converti définitivement en prison d'Etat. On montre encore aux nombreux curieux qui se présentent pour visiter l'intérieur du château de Chillon, une poutre noircie sur laquelle les criminels étaient exécutés.
— Vous devez penser que je n'ai pas voulu quitter cette antique et féodale demeure, sans descendre au fond du cachot où Bonnivard languit pendant tant d'années. Rien n'y a été changé; l'anneau

de fer qui fixait sa chaîne est encore rivé dans le mur du pilier, et l'œil peut suivre la trace des pas du célèbre prisonnier. Les trois plus grands poètes de notre siècle, lord Byron, de Lamartine et Victor Hugo, sont venus demander des inspirations à ces terribles et émouvants souvenirs. Leur nom est resté gravé sur la pierre humide du cachot, comme un vivant témoignage de la visite que ces nobles élus de l'intelligence ont faite dans ces sombres et tristes lieux.

Au moment où nous arrivons à Villeneuve, tout est en agitation et en rumeur. Cette ville qui est fort ancienne et qui portait autrefois le nom latin de *Penilucus,* ferme sur ce point le territoire du canton de Vaud et ouvre à quelques pas de là, à l'extrémité du Léman, celui du Valais. Rien n'y arrête l'attention et n'y éveille le souvenir. Avec elle finissent les merveilleux enchantements de ce lac magnifique qui a si heureusement inspiré nos poètes, et qui laisse au cœur tant et de si doux souvenirs.

Le bateau à vapeur va partir, et les passagers se pressent en foule sur la rive afin d'être les premiers placés à bord. Le moment de la séparation est venu. Ces dames partent ce soir pour Paris, et moi je regagne Genève, où je ne resterai que quelques heures, pressé que je suis de revoir bientôt les vertes montagnes et les ombreuses vallées de cette vieille province du Vivarais où m'attendent une mère et un père que je vénère et que j'aime, et dont je dois et veux être toujours la consolation et le soutien.... Malheureux, oh! bien malheureux l'enfant qui ne sait pas apprécier la tendresse d'une mère et qui, dans toutes les circonstances de la vie, ne suit pas aveuglément les sages et prudents conseils d'un père!....;

J'ai éprouvé un serrement de cœur violent en me séparant de mes aimables compagnes de voyage. Ce n'est pas impunément que l'on passe des journées entières dans la plus douce et la plus charmante intimité. L'idée de la séparation ne s'offre à vous que lointaine ; aussi, quand l'heure fatale a sonné, quand toute dernière illusion a disparu, c'est souvent le cœur bien gros, et non sans laisser échapper quelques soupirs, qu'on prononce le mot fatal : adieu.

Le bateau à vapeur que rien ne retient plus, glisse avec une effrayante rapidité sur les eaux soulevées du lac. Je puis encore distinguer ces dames assises sur la rive; un mouchoir blanc que l'on agite me dit que l'on pense toujours à moi; mais le bateau court emporté sur les ailes de l'ouragan, et bientôt mes yeux, qu'une larme furtive est venue subitement obscurcir, n'aperçoivent plus rien à l'horizon. Tout est fini... rêves heureux, séduisantes réalités : adieu ! pour jamais, adieu !....

F I N.

TABLE

DES MATIÈRES.

TABLE DES MATIÈRES.

Dédicace . . . . *Pag.* v

Le chemin le moins court pour aller de Chambéry à
    Chamouny 1
Grenoble 3
Les Charmettes. — J.-J. Rousseau. — Mme de Warens.
    — Le livre des *Confessions* 4
Chambéry 10
Le général comte de Boigne 13
La fontaine de la place de Lans 15

La cathédrale. — L'église de Mont-Lémenc. — La chapelle royale 16
Bibliothèque publique 17
Théâtre 18
L'abbé de St-Réal. — Gazes de soie 20
Société de Chambéry. — Réflexions 21
Mme la comtesse de La Fléchère 24

I.

Aix-les-Bains 25
La maison du diable 28
Tréserve. — La dent de Nivolet 31
Le Mont-du-Chat. — Le château de Bordeaux . . 32
La tour de Gaussens. — L'abbaye de Haute-Combe. — M. Landoz 33
Le canal de Savières. — Les coteaux de Saint-Innocent. — Le port de Puer. — Le lac du Bourget . . 38
Etablissement thermal à Aix. — Sources. — Bâtiments. — Soins donnés aux baigneurs 39
Rapports des baigneurs entre eux. — Monde des baigneurs. — Plaisirs à Aix 42

Le casino	46
Salle de bal	47
Miss S... — La marquise de C.	49
La Zerbi	52
Les lions	55
La lionne	57
M. de Salvandy. — Elleviou	id.
Mlle Mars	59
M. Panckouke	61
MM. Calvet-Rogniat, Decamp	63
MM. Hippolyte et Paul Flandrin	64
M. le comte Jules de Castellane	66
Mme Schm...	67
M. Baumann	71
M. Cherblanc	73
M. Renard	76
M. George Hainl	79
M. Richelmi	83
La promenade du Gigot	84
Départ d'Aix	85

II.

D'Aix à Genève	87
La cascade de Grésy. — La reine Hortense. — La baronne de Broc	88
Annecy. — La chapelle du couvent de la Visitation. — Reliques	91
Berthollet	92
Le pont de La Caille	93
Carouge	95
Traversée de Genève	96
Bonneville	97
Cluse	98
Le Nant d'Arpenas	99
Sallanches. — Douanes de Sardaigne et de Genève	100
St-Gervais. — Etablissement thermal	103
Cascade de Bonnant	104
Cascade de Chède. — Village de Chède	105
Le lac vert. — Le nant Noir	107
Servoz — M. Escher	109

La gorge des Montées. — Le postillon	110
Vallée de Chamouny	112
Le Mont-Blanc	113
Les Savoyards	114
Chamouny. — L'hôtel de la Couronne	115
Le garçon de l'hôtel	116
Le Montanvert. — Les glaciers de Gria et de Taconay	117
Glacier des Bossons. — Vision fantasmagorique	118
Nos guides. — Le sommet du Montanvert. — Sources de l'Arveyron. — Le glacier des Bois	120
La mer de glace. — Encore nos guides	123
Hôtel du Montanvert. — Pierre Coutet	125
Les Montagnards	127

I

Genève et les bords du Léman	129
Orage. — Départ de Chamouny	131
Les femmes	133
L'hôtel de la Couronne de Genève	134
Dîner de cinq heures	135

Truites du lac de Genève.—Opinion de Brillat-Savarin	136
Le registre d'arrivée. — Le comte et la comtesse de...	139
Autre découverte	140
Un cruel souvenir. — Ernest de M.... — La baronne de... — Le marquis de B....	143
Le quai des Bergues. — Le lac Léman	164
Anniversaire de Rousseau à Genève	165
Réflexions sérieuses	166
Hommes célèbres de Genève	168
La rue du Rhône. — La Corraterie	170
Le musée Rath. — Salon d'exposition de peinture. — Réflexions préliminaires	172
M. Calame	178
M. Diday	179
M. Guigou	id.
Mme V.... Mme la comtesse de Pichon-Longueville .	183
Mme d'Albert-Durade. — MM{elles} Fanny Hess, Emilie Reinhart. — M. Hornung	184
Sculpture. — Buste de femme. — Vase en argent repoussé	186
Théâtre de Genève. — Chollet, Mlle Prévôt . . .	188

M. de Sismondi 191
Façons diverses d'écrire l'histoire 192
Conseils aux Genevois sur la salle de spectacle . . 195

II.

Digression. — Salles de spectacles d'Italie . . . 197
Nature artistique et musicale des Italiens 198
Public des théâtres 201
Disposition des salles de spectacle 202
Les loges 205
Aspect des salles un jour de première représentation 206
Le parterre 209
Théâtre de Nice 211

III.

Conseils aux Genevoises et aux Vaudoises . . . 213
Jardin botanique de Genève 214
Les serres 215

Soins et égards qui entourent le public et les étrangers
à Genève 211
Hôtel de M. Eynard 219
M. Constant-Prévôt 222
Aperçu politique 223
Maison pénitentiaire. — Système d'Auburn et de Pensylvanie 227
Description et régime de la maison pénitentiaire . . 230
Vieille cité de Genève. — Souvenirs historiques . . 233
Ancienne cathédrale de Saint-Pierre. — Tombeaux d'Agrippa d'Aubigné et du duc de Rohan. — Vitraux. — Boiseries sculptées. — Réflexions . 237
Situation des catholiques à Genève. — L'abbé Vuarin, curé de Genève 241

IV.

Départ de Genève 245
Ferney. — Le château de Voltaire. — Disposition des appartements occupés par Voltaire. — Inventaire descriptif de leur ameublement 249
Jardin du château. — Le vieux jardinier . . . 255

Eglise de Ferney	257
Encore le vieux jardinier	259
Coppet. — Le château. — M. le duc de Broglie. — Mme de Staël	260
Nyon. — Rolles. — Thonon. — Souvenir de saint François de Sales	267
Morges — Melle ***	269
Aspect de Lausanne	271
Evian. — Ses eaux ferrugineuses	272
Retour à Lausanne. — Le cicérone	273
La cathédrale. — Tombeaux des anciens évêques de Lausanne, du pape Félix V, et de lady Henriette Stratford Canning. — Désappointement . . .	275
Eglise de Saint-François	277
Le palais épiscopal	id.
Le château. — L'hôtel de ville	279
La maison de Gibbon. — Son cabinet de travail. — La servante de la maison	278
Route de Vevey. — Vevey	281
Clarens.—Bosquets et jardins du château de Châtelard	282
Les fleurs	283
Route de Clarens à Chillon — Julie	285

Rochers de Meillerie. — Saint-Preux	287
Le château de Chillon. — François Bonnivard	288
Villeneuve	290
Séparation. — Regrets	291

FIN DE LA TABLE DES MATIÈRES.

www.ingramcontent.com/pod-product-compliance
Lightning Source LLC
Chambersburg PA
CBHW071510160426
43196CB00010B/1477